2026

대한민국을
이끄는
외식트렌드

2026 대한민국을 이끄는 외식트렌드

2025년 12월 31일 초판 1쇄 발행

지은이 이윤화·김성화
기획·편집 이태희
자료 정리 박진욱
교정 전남희
디자인 디자인시드
인쇄 모아프린팅
펴낸 곳 (주)다이어리알
주소 서울시 서초구 방배천로 24길 25 시현빌
전화 02-536-4912
팩스 02-533-8075

www.diaryr.com

ISBN 978-89-98740-51-1
값 21,000원

2026

대한민국을 이끄는 외식트렌드

이윤화 · 김성화 지음

다이어리R

CONTENTS

펴내는 글

<2026 대한민국을 이끄는 외식트렌드>를 펴내며

외식 산업은 더 이상 하나의 방향으로 움직이지 않습니다. 2026년의 외식은 빠르지도, 느리지도 않은 채 겹겹이 쌓이며 동시에 전개되고 있습니다. 지역성과 글로벌, 실용과 미식, 기술과 사람, 윤리와 취향이 충돌하지 않고 병존하는 국면에 접어들었습니다. 이 책은 그러한 다층적 흐름을 읽기 위한 기록입니다.

이번 트렌드를 관통하는 핵심 키워드 중 하나로 '로컬코어(Local-core)'를 들 수 있습니다. 로컬은 더 이상 '지역 특산물'이나 '동네 맛집'에 머물지 않습니다. 어디서 왔는지보다 무엇을 지키고, 무엇을 덜어내는지가 중요해졌습니다. 제철의 흐름을 존중하고 지역의 맥락을 해석하며, 모방이 아닌 발굴을 선택하는 태도. '제철리즘'은 유행이 아닌 외식과 식품 산업이 취할 수 있는 가장 본질적인 전략이자 문화적 자세입니다.

K-팝과 드라마로 확산된 K-컬처는 이제 '가스트로 디플로머시', 즉 미식 외교의 영역으로 확장되고 있습니다. 문화와 결합한 음식은 언어의 장벽을 넘어 해외 소비자와 감정적으로 연결됩니다. 한식은 더 이상 설명의 대상이 아니라 경험되고 해석되는 문화가 되었고, 글로벌 스트리트 푸드의 미식화와 해외 외식 브랜드의 국내 유입은 음식이 문화 교류의 매개체로 기능하는 시대에 접어들었음을 보여줍니다.

외식 공간 또한 변하고 있습니다. '멀티레이어 다이닝'은 식사를 넘어 문화와 휴식, 반려와 테크, 여행의 요소까지 아우르는 다차원 외식을 의미합니다. 한 끼의 식사는 하나의 플랫폼이 되었고, 외식 공간은 라이프스타일을 설계하는 무대로 확장되고 있습니다.

올해도 이 모든 변화의 종착지로 골목을 설정해보았습니다. 대형 상권보다 생활 반경 안에서 형성되는 밀도 높은 취향과 작고 선명한 선택들이 외식 트렌드를 이끌고 있습니다. 골목은 더 이상 주변부가 아니라, 외식의 현재이자 미래입니다.

<2026 대한민국을 이끄는 외식트렌드>는 정답을 제시하지 않습니다. 대신 지금 이 순간, 외식이 어디에서 갈라지고 어디로 수렴하고 있는지를 기록했습니다. 이 책이 외식과 식품 산업을 고민하는 이들에게는 방향을 가늠하는 좌표가 되고, 미식을 즐기는 독자들에게는 변화의 맥락을 읽는 안내서가 되기를 바랍니다.

2025년 12월 저자 일동

다이어리알 출판물 히스토리 (2006~2026)

서언

<대한민국을 이끄는 외식트렌드> 그리고 <다이어리알 레스토랑 가이드>

다이어리알이 새로운 세기에 접어든 2000년부터 지금까지 대한민국의 외식 문화 발전을 위해 트렌드에 맞는 미식 콘텐츠를 선보여온 지도 26년의 세월이 흘렀다.

초창기 의미 있는 온라인 레스토랑 정보 콘텐츠와 네티즌, 기자단, 전문가들의 평가를 기반으로 '베스트 레스토랑'을 선정, 공개한 것이 큰 반향을 불러일으킨 데 이어, 다년간 축적된 데이터를 바탕으로 엄선한 레스토랑 정보를 함축해 실용성 있는 가이드를 표방하며 책자 형태로 발행한 <다이어리알 레스토랑 가이드>가 2006년부터 2024년까지 이어졌다. 2025년부터는 시대의 흐름에 맞춰 편안하게 열람 및 실생활에서 활용할 수 있도록 온라인 홈페이지를 통해 맛집 리스트가 공개됐다(2026년 판 공개 예정).

다이어리알 최초의 가이드북인 <다이어리알 레스토랑 2006>은 맛, 음식, 분위기, 가격 대비 만족도의 4개 항목을 기준으로 한 새로운 스타일의 레스토랑 가이드북으로 첫선을 보였다. 2009년부터는 전국의 대표 레스토랑 및 숨은 맛집을 직접 취재하면서 다이어리알 레스토랑 가이드의 범위를 전국적으로 확대했다. 이후 초기 3년간의 취재 결과를 바탕으로 1년의 준비 기간을 거쳐 2012년 말 서울판, 전국판을 각각 출간했다. 또한 2017년부터는 시간의 흐름과 사회의 이슈에 따라 변화하는 대한민국 외식 시장의 트렌드를 레스토랑 가이드와 함께 소개하는 <대한민국을 이끄는 외식트렌드>를 매년 발행함으로써 현시점 외식 트렌드 전반의 이슈를 흥미롭게 풀어내고 있으며, 그 아홉 번째 이슈인 <2026 대한민국을 이끄는 외식트렌드>의 출간을 맞이했다.

<2019 대한민국을 이끄는 외식트렌드>, <2020 대한민국을 이끄는 외식트렌드>에서는 외식 트렌드와 밀접한 연관이 있는 소비 트렌드의 변화와 외식의 영향, 외식에서 두드러지게 나타나는 현상을 살펴보고 외식, 다이닝과 바, 카페와 디저트 각 트렌드를 큰 틀로 나누어 분석해보았다. 또한 '골목에서 놀다, 골목 상권'을 통해 주목할 만한 서울의 골목 상권과 그 속의 음식점들을 소개했다. <2021 대한민국을 이끄는 외식트렌드>에서는 초유의 팬데믹을 맞이하여 급변한 소비 트렌드에 따른 변화에 주목한 '넥스트 노멀(Next Normal) 시대의 외식 트렌드'를 다루었

다. <2023 대한민국을 이끄는 외식트렌드>에서는 세계관과 콘텐츠가 중요해진 외식의 이슈를, <2024 대한민국을 이끄는 외식 트렌드>에서는 '초불확실성의 시대'에 새롭게 재편되는 외식 트렌드를, <2025 대한민국을 이끄는 외식트렌드>에서는 불안한 세계정세에 따른 경제 불황과 기후 위기, 일상에 보다 깊숙이 침투하고 있는 인공지능의 역할이 날로 커지는 환경 속에서 주목해야 할 외식 트렌드를 심층적으로 소개했다.

이번 <2026 대한민국을 이끄는 외식트렌드>에서는 제철리즘·여행의 중심이 된 로컬 미식·중소도시의 맛과 로컬의 진짜다움을 조명한 '로컬코어', 불황 속에서 영리하게 축소하는 외식 소비자들의 '실용 모드'로의 전환, 온라인을 통해 1초 만에 전 세계와 교류하는 시대 속 약진하는 K-외식 브랜드와 글로벌 미식을 다룬 '미식 외교', 사회의 다양한 이슈를 통해 조명한 '캔슬 컬처', 미식 그 이상의 역할로 확장된 '다차원 외식' 현상, 불황의 시기에 호황을 맞은 급식업계의 진화를 다룬 '급식 4.0', 저속 노화 및 자기 관리의 시대 속 '슬로징 외식'. 그리고 2026 '카페 & 디저트 트렌드'와 '주류 & 바 트렌드'를 소개한다. 마지막 장에서는 주목할 만한 서울의 골목 상권과 그 속의 음식점들을 소개하는 챕터인 '골목에서 놀다, 골목 상권'과 골목 지도를 수록했다.

대한민국의 미식 문화와 외식을 사랑하는 모든 이의 일상을 더욱 풍요롭게 가꾸는 밑거름이 되기를 바라는 마음을 꾹꾹 눌러 담아 이 한 권의 책을 완성했다.

Taste of

로컬코어(Local-core) :
지역의 본질을 담아내다

CHAPTER 01.

최근 몇 년간 한국의 외식 소비는 크게 변하고 있다. 소비자들은 가격이나 맛, 신선도만으로 만족하지 않고, 음식에 담긴 맥락과 이야기에도 높은 가치를 둔다. 특히 지역 고유의 제철 식재료 같은 희소성, 지역 축제와 관광을 통한 체험형 소비, SNS를 통한 공유 문화 등이 맞물리면서 음식은 그 자체의 기능을 넘어 지역의 역사와 정체성을 보여주는 창으로 작용하고 있다. 이러한 배경 속에서 '로컬 콘텐츠'는 외식업계에서 핵심 경쟁력이 되고 있다. 과거 대도시의 유행을 답습하거나 지역 특산물을 활용한 일회성 상품 개발, 불연속성이 한계점이었다면 이제는 지역의 고유 자원을 발굴하고 '로컬다움'을 잃지 않은, 즉 지역만의 본질을 유지하되 스토리를 더해 심리적 가치를 높이고 이를 현대적 언어로 전달하는 방식이 주목받고 있다. 그 자원이 반드시 특산물이나 유적지일 필요는 없다. 대전의 '성심당'처럼 지역 내에서 확장해 고유의 가치를 지켜낸 사례나 속초중앙시장 닭강정처럼 지역민의 삶이 녹아 있는 전통 시장이 곧 관광지가 되는 현상은 외식이 지역성과 결합할 때 얼마나 강력한 힘을 가지는지 잘 보여준다.

〈2026 대한민국을 이끄는 외식트렌드〉에서는 이러한 흐름을 포괄하는 외식 트렌드를 '로컬코어(Local-core)'라는 키워드로 꼽았다. 로컬코어는 '지역(Local)'과 '핵심(Core)'을 결합한 단어로 특정 지역의 계절성, 전통, 문화, 삶의 모습을 외식 경험의 중심에 놓는 트렌드다. 이는 지금 이곳에서만 맛볼 수 있는 경험을 찾고자 하는 소비자의 욕망이 만들어낸 새로운 외식 패러다임이자 앞으로 지역 외식업계와 관광산업을 이끄는 중요한 동력이 되고 있다.

1. 제철리즘*

최근 외식 트렌드에서 주목되는 흐름 중 하나가 제철 음식을 찾아 즐기는 소비 형태다. 여기에는 특정 시기에만 맛볼 수 있는 재료와 경험을 강조하는 ▲**희소성**, 산지와 생산자의 이야기를 연결하는 ▲**지역성**과 ▲**진정성**, 기후 및 환경과 맞닿은 책임 있는 소비 메시지를 강조하는 ▲**지속 가능성**의 가치도 담겨 있다. 건강과 웰빙에 대한 관심이 갈수록 높아지는 요즘, 소비자들은 '제철 달력'을 유행시키는 등 다양한 방법으로 재철 식재료의 신선함과 영양 가치를 재발견하곤 한다. '기후변화'는 이러한 현상을 가속화하는 가장 큰 요인으로 꼽힌다. 전 세계적인 기후 위기는 주요 농작물의 생산성과 품질, 먹거리 물가에 직접적인 영향을 주고 있으며 소비자들은 '기후 인플레이션'을 피부로 느끼게 됐다. 2024년 기상청이 발표한 설문 결과에 따르면 국내 응답자의 89.9%는 우리나라가 기후 위기에 직면해 있다고 답했다. 대표적인 것이 배추 재배 면적의 축소와 가격 불안정으로 이는 김치 같은 필수 식품의 수급에 변화를 일으켰고, 곧바로 소비자의 체감으로 이어졌다.

이로 인해 제철 음식은 '지금 이 시기에만 맛볼 수 있는 특별한 경험'으로 받아들여지고 있으며, 외식업계 역시 제철 한정 프로모션을 통해 소비자 수요에 대응하고 있다. 제철 식재료를 다루는 만큼 특정 지역과의 연계는 계절성 및 재료에 대한 신뢰감을 높이고, 지역 농가와의 협업과 상생은 외식업체의 좋은 마케팅 도구가 되기도 한다. 예를 들어 메뉴판이나 음료 슬리브에 산지명과 가공 스토리를 명시하는 것도 효과적인 방법이다. 카페 브랜드에서 봄 한정 메뉴에 '논산 딸기, 당도 14브릭스' 같은 구체적인 지표와 산지를 드러내는 방식은 소비자에게 원물의 진정성을 각인시키는 좋은 사례다. 또한 계절별 대표 식재료를 반영해 운영하는 '캘린더링 전략'은 소비자에게 시즌마다 달라지는 즐거움을 제공하며 재방문을 유도한

---

* **제철리즘** : 계절의 흐름과 지역성이 반영된 제철 식재료를 중심으로, 메뉴·브랜딩·소비 경험을 기획하는 외식·식품 산업의 전략적 태도이자 문화적 움직임

다. 봄 딸기, 여름 수박, 가을 무화과, 겨울 한라봉처럼 계절감을 직관적으로 드러내는 소재는 소비자의 기대감을 높인다.

특히 카페 업종은 제철 및 로컬을 내세운 메뉴로 시즌별 변화를 주는 것이 필수 전략이 됐다. 국내 카페 시장은 유행의 속도가 빠른 만큼 지속적인 변화를 통해 브랜드 이미지가 노후화되지 않도록 하는 것이 매우 중요하다. 이런 환경에서 계절별로 새로운 한정 메뉴를 선보이는 것은 고객들의 재방문을 유도하는 좋은 도구가 된다. '스타벅스 코리아'는 2025년 여름 시즌에 멜론, 망고 등 여름 과일을 활용한 신메뉴를 대거 출시해 시즌 한정 운영으로 화제성과 방문 회전을 유도했으며, '이디야커피'는 생과일 수박주스와 토마토바질에이드를 출시한 후 '수박 씨 제거' 아르바이트 채용 공고 프로모션을 진행해 진짜 수박을 사용하고 있다는 것을 간접적으로 강조하며 계절 메뉴의 바이럴 마케팅을 전개했다. '빽다방'은 국내산 수박을 전면에 내세운 '우리 수박주스'를 여름 한정으로 출시해 2025년 8월 기준 누적 사용량 1675톤을 발표하는 등 제철 및 국산 원물 스토리로 높은 신뢰도를 확보했다. 대전 '성심당'은 '시루 시리즈'를 통해 딸기, 망고, 생귤, 무화과, 알밤 등 제철 식재료를 듬뿍 넣은 케이크 라인업을 선보였으며, '제철 과일을 아낌없이 넣은' 케이크를 합리적인 가격에 즐길 수 있다는 메리트로 전국의 소비자들을 집결시켰다. '애슐리퀸즈', '빕스' 등 패밀리 레스토랑과 호텔 뷔페 등에서 매년

이디야커피는 여름 수박 메뉴를 출시하면서 진짜 수박을 사용한다는 것을 강조하기 위해 이색 체험형 아르바이트를 모집했다.

대표적인 제철리즘 디저트인 성심당의 시루 시리즈(사진_성심당)

봄 진행하는 '딸기 축제'는 해마다 재방문 공식을 공고히 하면서 이제는 하나의 연례행사가 됐다.

2. 지역 축제 & 전통 시장 … 여행의 중심이 된 로컬 미식

2025년 컨슈머인사이트의 '여행자·현지인의 국내 여행지 평가 및 추천 조사'에서 전통 시장(재래 시장)과 지역 축제가 추천 1·2위를 차지했다. 팬데믹 시기 정점을 찍었던 산·계곡 중심의 휴식형 선호가 완만히 후퇴하고, 먹거리·체험 기반의 로컬 경험이 핵심 동기로 부상한 흐름이 수치로 확인된 것이다. 특히 지역 축제는 산·계곡을 제치고 2위로 올라서며 체험형 관광의 확산을 방증했다. 한국관광공사가 발표한 2025년 조사에서는 응답자의 절반 가까이가 여행 계획을 세울 때 가장 먼저 지역의 '맛집'을 고려한다고 답했다. 이에 한국관광공사는 전국 방방곡곡의 지역 대표 음식을 체험하고 홍보하는 'K-로컬 미식 여행 33선'을 선정해 전국의 숨은 맛집 발굴과 지역 미식 문화를 알리는 계기를 마련하기도 했다. <대학내일> 20대 연구소가 Z세대를 대상으로 조사한 '향후 여행 시 경험하고 싶은 세부 활동'에 따르면 국내 여행의 경우 현지 로컬 맛집 방문, 길거리 음식 탐방, 디저트 전문점 방문이 각각 1~3위를 차지하며 미식이 로컬 방문의 핵심 동기로 확인되었다.

이와 같은 흐름에 발맞춰 각 지자체는 전통 시장 및 야시장, 맛집 거리와 미식 축제, 지역 식재료 체험 프로그램 등에 투자를 확대하고 있다. 대표적으로 서울시는 강남구 영동전통시장의 '영맥축제 영동야식로드', 동대문구 경동시장의 '경동미식바이브', 성수역 골목형 상점가의 '성수핫플페스티벌 & 야식' 등 2025년의 시장 및 미식 관련 주요 지역의 행사를 촘촘히 편성했고, 대구는 '서문·칠성 야시장'을 재개장해 야간 미식 관광을 전면에 세웠다. 전남은 목포시와 함께 '2025 남도국제미식산업박람회'를 개최해 남도 바다의 해조류와 해산물 등 특산물 식재료를 소개하고, 남도 미식의 가치와 위상을 알리는 계기를 마련했다. '2025 서울푸드페스티벌'

경북 김천시가 매년 개최 중인 김밥축제

에서는 단지 서울에 국한하지 않고 경북 포항 산딸기 생산지에서 한국 고유의 식재료인 산딸기를 수확하고, 전남 담양 기순도 명인의 장고지에서 한국의 맛과 뿌리를 탐색하는 미식 여정을 마련했으며, 제주와 부산 등에서 지역 식재료를 활용한 세계적인 셰프의 만찬을 즐기도록 하는 등 로컬의 맛과 지역 고유의 역사 및 문화를 강조했다. '제주푸드앤와인페스티벌'에서는 제주 맛집 200곳과 협업한 '고메 위크', 유명 셰프를 초청해 펼친 '마스터 셰프 클래스', 제주 전역의 다양한 디저트 브랜드가 참여한 '디저트 페어' 등을 통해 제주의 맛을 알렸다. 그 밖에도 '대전빵축제', 충북 영동군의 '대한민국 와인축제', '순창떡볶이페스타', '김천김밥축제' 등 다양한 로컬 축제가 펼쳐지며 지역의 정체성과 결합한 미식 콘텐츠를 통해 관광과 문화를 연결했다.

세계적인 미식 가이드북 <미쉐린 가이드>에서 부여하는 스타 레스토랑 중 '3스타'에는 "요리가 매우 훌륭해 특별한 여행을 떠날 가치가 충분한 식당"이라는 의미가 담겨 있다. 이처럼 '미쉐린의 별'은 특별한 여행의 명분이 되지만, 한국인에겐 이 같은 별이 없어도 지역의 '맛집 하나'가 충분한 여행의 이유가 될 수 있다.

전통 시장이나 축제가 아닌 민간 외식업소 혹은 지역 음식 자체가 지역을 대표하는 여행의 테마가 되기도 한다. 대표적인 것이 대전의 '성심당'이다. 성심당은 '퀵턴(Quick Turn)' 여행의 성지로 전국적인 인기를 얻고 있는데, 그 힘의 원천은 "대전에서만 맛볼 수 있다"는 정체성을 확립한 데 있다. 이는 새롭게 만든 것이 아닌 기존의 로컬 자원을 유지하고 '튀김소보로' 같은 인기 메뉴뿐 아니라 케이크, 샌드위치 등 시대의 흐름에 맞는 상품군을 함께 배치하며 지역 정체성을 강화한 덕이다. 속초의 닭강정도 SNS를 통해 "속초 여행의 상징"이 됐다. 대표 업소는 속초중앙시장의 '만석닭강정'과 '중앙닭강정'으로 지역 시장이 외식 허브로 기능하며 도

속초중앙시장의 만석닭강정은 지역 시장으로 관광객을 이끈 좋은 사례다.

시 브랜드를 강화한 성공적인 사례가 되었다. 민간 외식업소가 지역 음식의 아이덴티티가 되기도 한다. 군산 '이성당'의 단팥빵과 나주 '하얀집곰탕'의 맑은곰탕, 수원 통닭거리 '용성통닭'과 '진미통닭'의 가마솥통닭, 강릉 초당 '동화가든'의 짬뽕순두부 등 지역의 역사를 함께해온 노포가 관광 명소가 되어 "나주 하면 곰탕, 수원 하면 통닭"같은 지역 음식의 정체성을 만든 것. 또한 부산의 '이재모피자'와 돈가스 전문점 '톤쇼우', 경기도 용인의 '산으로 간 고등어', 남양주의 '장어의 꿈' 등 주인장의 철학과 맛, 차별화된 경험을 제공하며 웨이팅을 '준비된 경험'으로 전환한 개인 외식 브랜드가 '여행의 목적지'로 떠오르기도 했다.

이처럼 외식은 이제 여행에서 부차적인 즐길 거리가 아닌 핵심 동기로 자리 잡았다. 전통 시장과 미식 축제, 오랜 역사를 지닌 노포부터 주인장의 철학이 깃든 개인 외식 브랜드까지, 지역의 음식은 곧 관광자원이자 지역 경제를 이끄는 원동력으로 기능하고 있으며, 소비자들은 얼마든지 '제2의 성심당'을 방문할 준비가 돼 있다.

3. 중소 도시의 '맛'

여행의 목적이 '먹거리와 경험'으로 이동하면서 외식은 지역의 문화를 보여주는 핵심 창구가 되고 있다. 특히 중소 도시들은 지역의 고유한 식재료, 조리법, 생활문화를 활용해 자신들만의 색깔을 입힌 미식을 만들어내며 도시 브랜드를 강화하고 있다. 이는 외식이 관광과 지역 경제를 연결하는 새로운 트렌드로 자리 잡고 있음을 잘 보여준다.

대표적 사례가 충북 제천이다. 제천은 한방 도시라는 특성을 살려 '약채락(藥菜

제천 가스트로 투어 A코스
(출처: 제천시)

樂)' 브랜드를 개발하고, 약초와 건강식 재료를 기반으로 관광 도시락과 인증제를 운영하며 '건강 미식 도시'라는 이미지를 구축했다. 또한 제천의 특산물을 활용하거나 특색 있는 스토리와 맛을 선보이고 있는 외식업소를 평가해 인증하는 '제천 맛집' 제도를 운영하면서 맛집의 선택지를 좁혔다. 오로지 맛을 주제로 꾸린 '가스트로 투어'도 진행한다. 이는 약 2시간 동안 도심을 도보로 이동하며 숨겨진 맛집을 찾아 다양한 음식을 맛볼 수 있는 미식 여행 프로그램으로 국내 여행객들의 관광 니즈를 발빠르게 반영한 사례로 꼽힌다.

전북 무주는 덕유산의 청정 생태를 활용해 산채비빔밥, 송어회, 어죽, 버섯전골, 머루와인 및 특용 작물인 천마로 이어지는 로컬 미식 자원을 만들어냈다. 그리고 유명 셰프 및 레스토랑과의 협업, 상품 개발 및 무주 맛집 인증 제도 등 다양한 노력을 통해 자연을 매개로 한 신뢰할 수 있는 먹거리 이미지를 공고히 했다. 경남 통영은 항구도시라는 환경을 살려 술과 해산물 안주를 한 상으로 내는 '다찌 문화'를 관광 콘텐츠로 발전시켰다. 충무김밥 같은 단순한 음식 자체가 아니라 먹는 방식과 문화를 상품화해 차별성을 구축한 것이 타지인들에게 좋은 경험적 요소로 다가갔다. 경북 안동은 제례 음식의 맥락을 살려 헛제삿밥을 관광 친화적으로 재해석하고, 찜닭을 현대 입맛에 맞춰 전통과 현대를 잇는 외식 자원으로 자리 잡게 했다. 전북 순창은 전통 장류를 단순한 식재료가 아닌 체험의 소재, 지역의 식문화, 축제의 자원으로 승격시켜 '발효테마파크', 장 담그는 날 '장날' 행사, '장류축제' 등을 개최했으며, 섬진강에서 직접 기른 고품질 장어와 전통 장류를 결합한 '메주 먹인 장어' 같은 메뉴를 지역 외식업소에 공급해 지역 양식업과 외식업의 상생 모델을 보여줬다. 이처럼 식문화 정체성이 뚜렷한 지역들은 고유의 맛을 비롯해 지역성·문화·환경을 반영한 차별화된 외식 콘텐츠를 만들어냈다는 공통점을 지닌다.

외식 트렌드 관점에서 볼 때 중소 도시 로컬 미식이 성공을 거두기 위해서는 세 가지 조건을 갖춰야 한다. 첫째, 음식은 반드시 지역 정체성과 연결된 서사를 가져야 한다. 둘째, 단순 메뉴 제공을 넘어 거리·축제·체험·브랜드화로 확장해야 한다. 셋째, 이러한 노력이 지속적으로 이뤄져야 한다. 음식이 단순한 소비재가 아닌 도시의 문화 브랜드이자 경제성장의 엔진이 되려면 '연속성'이라는 과제를 해결해야 한다. 지자체 주도의 사업은 정권 교체나 담당자 변경에 따라 연속성을 가지지 못하고 브랜드화가 지속되지 못하는 사례가 많다는 한계점이 있다. 중소 도시 로컬 맛집이 성공적으로 자리 잡더라도 업계 전반에는 가업 승계나 장인 정신 계승에 대한 체계적인 인식과 제도가 여전히 부족하다. 식당의 규모가 커지면서 기업화되지 않은 이상 세대를 이어 운영하는 노포가 드물고, 이에 경험과 기술이 단절되기도 한다. 장인 정신과 계승 문화를 얘기할 때 일본을 빠뜨릴 수 없다. 최근 젊은 세대가 여행을 통해 지역성을 갖춘 일본의 노포를 경험하고, 그 속에서 전통을 이어가는 장인 정신을 긍정적으로 받아들이는 점은 주목할 만하다. 우리 또한 이러한 가게가 많아져야 한다는 필요성에 높은 공감대가 형성되는 현시점에서 단기적인 성과에 치중하기보다 근본적인 사회적 인식 변화와 장기적인 안목이 뒷받침되어야 할 것이다.

4. 로컬 콘텐츠의 핵심 '진짜다움'

로컬 콘텐츠의 성공 요인은 "그 지역에서만 맛볼 수 있다"는 희소성을 갖춘 정체성의 확립, 오래된 맛을 유지하면서도 시대 변화에 맞게 제품군과 서비스를 확장해 다양한 세대를 포용하는 현대적 해석과 스토리, 경험 요소의 충실한 반영 등에 달려 있다. 반면, 지역성에 기반하지 않은 콘텐츠와 빠른 관광화는 오히려 역효과를 낳을 수 있다.

한때 서핑 관광객이 2019년 18만 명에서 2022년 46만 명으로 급증하며 로컬코어의 대표적 사례로 떠올랐던 강원도 양양. 하지만 2023~2024년, 양양을 찾은 관광객은 4.8% 감소했으며, 특히 20대 여성 방문객의 비중이 13.5%나 하락했다. 최근 양양 해변 주변은 지나치게 빠르게 성장하고 관광화되면서 유흥업소가 우후죽순 늘어났고, '서핑 명소'라는 원래의 이미지가 '헌팅 성지'나 '유흥 중심지'로 변질되며 피로감이 확산됐다. 이로 인해 가족 단위 방문객은 줄고, 지역 경제 역시 타격을 입었으며 여름 시즌 외엔 상권이 거의 멈추는 상황에 직면했다. 이에 양양군은 이미지 회복에 나서고 있는 실정이다.

충남 예산군은 요리연구가 백종원 더본코리아 대표와 협력해 2023년 상설 시장에 먹거리 광장을 조성했고 활기를 되찾는 계기를 만들었다. 그러나 2025년 초 백 대표를 둘러싼 이슈, 이른바 '빽햄 논란'이 발생한 이후 관광객 수가 눈에 띄게 줄었다. 같은 기간(2025년 1월 19일~3월 23일) 예산시장 방문객은 지난해 대비 약 20만 명(약 23%) 감소한 수치였다. 이러한 변화는 지역 브랜드가 특정 인물이나 상황에 지나치게 밀착되어 있을 경우 외부 변수에 민감해질 수 있음을 보여준다. 지역 콘텐츠 강화는 분명 필요하지만 지역성과 관련 인물, 혹은 외부 요소 등의 균형이 필수적임을 시사한다.

지역의 특색을 살리지 못하고 핫한 거리인 익선동·을지로 스타일을 무작정 본떠 조성한 지방 몇몇 테마 거리 역시 초기 흥행에도 불구하고 지역만의 이야기를 담지 못해 지속성이 약해지며 쇠락하는 결과를 보여주었다. 로컬코어의 본질, 즉 지역 고유의 정체성과 맥락을 놓친 것이 실패의 가장 큰 원인이라 할 수 있다. 이는 로컬의 이미지가 한 방향의 특정 콘텐츠에 매몰되면 지역의 지속 가능성을 훼손할 수 있음을 보여주는 경고 사례이자, 지속 가능한 로컬 콘텐츠는 지역 고유의 가치를 발견하는 데서 시작해야 한다는 것을 의미하는 사례이기도 하다.

지역 명소로서 기업화된 식당이 아닌 이상 국내 외식업계에서 가업 승계는 흔한 일이 아니다. 수십 년 손님들이 즐겨 찾던 식당도 개인의 생애 주기와 함께 소멸하는 경우가 많고, 서울 및 대도시의 경우 부동산의 구조적 제약에 의해 식당을 유지하지 못하고 사라지는 등 이를 제도적으로 이어갈 장치가 부족하다. 한국에도 식품명인 제도나 오래된 가업을 잇는 전통 시장의 가게들이 존재하지만, 외식업 전반으로 좀 더 확장할 필요가 있다. 이를 통해 지역 고유의 자원을 세대와 시대의 흐름 속에서 발전시켜야만 '진짜 로컬다운 로컬'로서 지속 가능해진다.

전북특별자치도 농업기술원과 무주군은 지역 고유의 생태와 전통을 기반으로 한 '천마(天麻)'를 새로운 방식으로 해석하고 있다. 천마는 오래전부터 약용식물로 알려져왔으며 무주는 평균 해발 400m 이상의 청정 산간지대라는 지리적 조건 덕분에 국내 최대의 천마 산지로 자리매김했다. 하지만 한동안 천마는 약재로만 소비되어 농가 소득이나 지역 경제 활성화와는 거리가 있었다. 관련 지자체는 이러한 한계를 넘어, 천마를 '식용 가능한 기능성 식품 소재'로 확장하기 위한 연구와 산업화를 본격화했다. 연중 재배와 기술 표준화, 저장성과 성분 안정화를 위한 가공 연구 등이 추진되었고 2010년대 중반부터는 무주천마사업단을 중심으로 지역 농가, 가공업체, 지자체가 협력하는 '천마 6차산업화 모델'이 구축되었다. 단순히 원물 판매에 머물지 않고 천마를 활용한 차, 스낵, 쿠키, 에너지 바, 즉석 탕류, 음료 등이 개발되었으며 최근에는 서울의 유명 음식점 및 셰프와 협업해 식당에서 판매하는 외식 상품을 개발해 소비자들을 만나고 있다. 천마가 '약'에서 '음식'으로, '식재료'에서 '브랜드'로 전환되는 과정이 만들어진 것이다. 이 사례는 '진짜 로컬다움'이 단순히 지역의 전

무주 천마 맛집 중 하나인 무주어죽의 천마어죽

통을 고수하는 것이 아니라, 지역의 자원을 시대의 감각과 기술로 재해석해 전통과 현대, 농업과 미식의 경계를 잇는 힘을 갖고 있음을 보여준다.

'로컬코어'는 외식업이 지역의 이야기를 담아내는 방식이다. 계절성과 지역성, 그리고 진정성이 하나로 어우러질 때 외식은 경험으로 확장된다. 이를 위해 외식업계는 지역의 자원을 현대의 언어로 전달하고, 지자체와 관광 기관은 이를 전략적으로 연결해야 한다.

품절 대란을 일으키고 있는 국립중앙박물관의 '뮷즈'

최근 젊은 세대를 중심으로 클래식 음악 열풍이 불고, 박물관 방문이나 관련 '뮷즈(Museum+Goods)' 소비가 유행하는 등 '변하지 않는 가치'를 지닌 대상을 향유하려는 현상이 두드러지고 있다. 이는 불확실한 시대에 오래 지속될 수 있는 콘텐츠를 추구하는 소비 심리를 보여주며, 전통과 진정성을 담은 문화적 자산은 새로운 소비 가치를 만들어내는 원동력이 되고 있다. 소비자는 이제 맛과 가격을 넘어 지역의 진정성을 기준으로 선택한다. 결국 중요한 것은 모방이 아니라 '발굴'이다. 이미 존재하는 지역 자원을 찾아내고 새로운 이야기로 연결할 때, 외식업은 진정한 의미의 로컬코어로 거듭날 수 있다. ●

실용 모드

CHAPTER 02.

麻辣
小麻

고물가, 고금리, 경기 불확실성이 장기화되면서 소비자들의 지갑은 갈수록 무거워지고 있다. 과거처럼 충동적 소비나 과시적 소비를 지속하기 어려운 환경에서 소비자들은 지출의 우선순위를 다시 정하고 있다. 외식업계도 다르지 않다. 이러한 상황 속에서 외식 소비자들은 '실용 모드'* 에 돌입했다. 이는 단순히 저렴한 것을 찾는 것이 아니라, "내가 지불한 비용이 합당한 가치와 만족으로 돌아오는가"를 기준으로 소비를 결정하는 것을 뜻한다. 앱 분석 데이터 플랫폼 모바일인덱스의 '불황 소비 트렌드' 분석에 따르면 소비 부담이 커짐에 따라 검증된 품질을 선호하는 현상이 두드러지고 있다. 즉 불확실한 환경 속에서 소비자들은 더욱 신중하게 지출 결정을 내린다는 의미다. 2025년 7월 내수 진작과 서민 생활 안정을 위해 정부 차원에서 전 국민을 대상으로 발행한 '민생회복 소비쿠폰'의 주 사용처는 외식업소, 편의점, 생필품 마켓 등 '생활 밀착형' 업종인 것으로 나타났다. 행정안전부가 9개 카드사 자료를 분석한 결과 그중에서도 소비쿠폰을 가장 많이 사용한 곳은 음식점이었다. 이처럼 외식업은 실용 소비 시대의 최전선에 있다. 한 끼 식사에 대한 기대가 '풍요와 과시'에서 '실속과 합리'로 옮겨가면서 최근 주목받는 것이 바로 실용 모드의 외식 브랜드와 메뉴다. 과거 인기를 끌던 인스타그래머블한 외식 공간 대신 중저가 뷔페와 무한 리필 전문점, 한식 뷔페 등 가성비와 가심비를 모두 충족시키는 **▲가치비**를 선호하고 있으며, **▲끼니의 간식화** 및 **▲1인 맞춤형 메뉴**를 갖춰 소비자의 니즈를 공략하는 외식업체가 증가하는 현상이 두드러지고 있다. 이에 발 맞춰 외식 전문 기업은 객단가를 하향한 새로운 브랜드를 추가하고 있다. 실용의 의미는 단지 저렴한 음식 가격에만 국한하지 않는다. 현대의 라이프스타일에 맞는 '편의성'을 강조한 외식업종과 간편식, 배달 음식 등 개개인의 시간과 노력을 외식을 통해 해결하는 **▲라이프핏(Life-fit)** 소비 양상도 여기에 포함된다. 이러한 실용 모드 트렌드는 외식업 전반에 새로운 흐름을 만들어내고 있다. 생선구이처럼 집에서는 하기 힘든 요리를 편리하게 즐길 수 있는 업종, 건강을 앞세운 한식 세트, 1인 가구에 최적화된 맞춤형 메뉴, 그리고 배달과 포장에 특화된 브랜드들이 그 대표적 사례다.

---

* **실용 모드** : 가격 대비 효율과 만족을 중시하면서도, 불필요한 과잉 소비나 과장된 경험보다는 현재 상황에 맞는 최적의 선택을 추구하는 외식 소비 태도를 칭하는 키워드

1. 가치비…가성비·가심비는 기본, 그 너머의 가치를 추구하다

경기가 침체돼도 소비는 멈추지 않는다. 다만 오늘날 소비자는 '양'보다 '질'을 택한다. 물가 상승과 금리 인상으로 지갑은 얇아졌지만, 단순히 덜 쓰는 것이 아니라 삶의 우선순위에 맞춰 신중하게 소비를 결정한다. 이 과정에서 가성비와 가심비를 모두 만족시키는 것은 기본이 됐고, 더 나아가 개인의 가치관과 정체성까지 반영하는 '가치비' 소비가 주목받고 있다. "싸니까 산다"가 아닌, "조금 더 지불하더라도 나에게 의미 있고 오래 만족을 주는 것"이 소비 기준으로 자리 잡은 것이다.

가치비를 따지는 소비자들의 소비 성향은 외식업계의 양극화를 가속화하고 있다. 대형 프랜차이즈 매장은 자동화와 규모의 경제를 통해 가격 부담을 낮추면서도 일정한 품질을 제공해, 검증된 품질을 합리적으로 누리려는 '밸류 해커(Value Hacker: 비용 대비 만족감을 극대화하는 가치를 해킹하듯이 찾아내는 소비 행위)형' 소비자들의 수요를 충족하고 있다. 반면 오너 셰프 1인 매장은 차별화된 메뉴와 스토리, 셰프의 개성을 매력 포인트로 전면에 내세워 가치비 소비자들을 끌어들이고 있다.

기업형 식당의 '디지털 전환'과 인건비, 구인난에 따른 '1인 오너 식당'의 양극화

현 외식업계는 대형 프랜차이즈 그리고 오너 셰프 1인 매장, 혹은 무인 매장 등 점포의 초소형화라는 뚜렷한 양극화 현상에 직면했다. 종업원 5~10명 규모의 중형 식당은 인력난과 인건비 부담 가중, 내수 침체를 버티지 못해 빠르게 줄어들고, 대신 '규모의 경제'를 확보한 대형 매장과 운영 규모를 최소화한 개인 식당이 시장의 중심축을 재편하고 있다. 외식 산업이 이중 구조화되는 가운데 매출 및 고용은 둔화 국면에 있으며, 외식 소비 자체가 줄어들어 대형 프랜차이즈 또는 자동화 매장이 생존 우위를 점하고, 소형 자영업 점포 역시 부담이 가중되고 있는 실정이다.

한국고용정보원이 발표한 <계간 고용이슈>의 '최근 음식점업의 노동시장 동향과 정책 과제' 보고서에 따르면 음식점업 사업자는 2023년 대비 2025년 4월 81만4000명으로, 1만 명이 감소했다. 같은 기간 전체 사업자 수가 999만9000명에서 1024만2000명으로 24만3000명 증가한 것과 뚜렷한 대조를 이룬다. 이는 외식업만이 고용·사업자 감소세를 겪고 있음을 보여준다. 실제로 통계청 고용 동향에서도 2025년 2월 숙박·음식점업 종사자 수가 전년 동월 대비 1만1000명 감소(-0.9%)하며 서비스업 전반의 고용 위축을 주도한 것으로 나타났다.

스타벅스 코리아도 대면 주문 원칙을 버리고 키오스크를 도입하기로 했다.

이 같은 흐름 속에서 대형 프랜차이즈 매장은 키오스크, 서빙 로봇, 자동 조리 시스템을 적극 도입하며 생존 전략을 강화하고 있다. 인건비를 줄이고 운영 효율성을 높이기 위한 이 같은 디지털 전환은 이미 업계 전반으로 확산 중이다. 스타벅스 코리아가 수십 년간 고집해온 대면 주문 원칙을 버리고 키오스크를 도입한 것을 비롯해 주요 브랜드들이 대부분 키오스크 확대 도입에 속도를 내고 있다.

오너 셰프 1인 창업 매장 역시 인력 대체로 고정비를 줄일 수 있다는 점에서 서빙 로봇, 키오스크, 테이블 오더 등 푸드 테크 도입을 늘리고 있으며, 프랜차이즈 업계도 이러한 추세에 맞춰 1인 창업 모델을 속속 내놓고 있다. 하지만 이 같은 다양한 돌파구 마련에도 불구하고 높은 폐업률이라는 그늘이 짙다. 한국고용정보원은 "무경험 창업자의 상당수가 1년을 채 버티지 못한다"고 지적하며, 외식업계의 창업 붐이 곧 '폐업 붐'으로 이어지는 악순환을 경고했다. 전문가들은 이러한 구조적 위기를 극복하기 위해선 체계적인 직업 훈련이 필요함을 강조한다. 현재 교육은 여전히 조리 기능 중심에 머물러 있으나 앞으로는 조리 공정의 표준화와 더불어 노무·세무·원가관리 등 경영 역량 강화가 필수적이라는 것이다.

규모의 경제 vs. 사장님의 '작은 식당'

기업형 식당 가운데 '애슐리퀸즈', '샤브올데이', '빕스' 등 중저가 뷔페형 매장의 성장이 눈에 띈다. 이들 브랜드는 불황기 반짝 인기에 그치지 않고 지속적인 재방문 유도와 충성 고객 확보를 위한 멤버십 제도 개편 및 빠른 메뉴 교체, 다양한 브랜드 및 셰프 컬래버레이션 등의 전략을 펼치고 있다. 이랜드이츠의 뷔페 레스토랑 애슐리퀸즈는 프리미엄을 추구하면서도 가격을 올리지 않는 전략을 취하고 시즌별 메뉴 교체 및 컬래버레이션 이벤트를 통해 재방문을 유도했다. 그 결과 매장 수를 2022년 59곳에서 2025년 상반기 기준 116곳으로 3년 만에 두 배 가까이 늘렸다. 매출 또한 5000억 원 돌파를 앞둔 상황. 방문객이 가장 많은 서울 송파구 잠실 롯데캐슬점은 상반기에만 20만 명이 찾았다. 식자재 물가 상승에도 가격을 유지할 수 있는 배경에는 규모의 경제를 통해 안정적인 공급을 한 이랜드의 식자재 네트워크가 있었다. 이랜드이츠는 최근 자사의 외식 브랜드 다수를 매각하며 선택과 집중에 나섰는데, 샤부샤부 브랜드인 '로운샤브샤브' 역시 뷔페형 가성비 레스토랑의 인기 추세와 맞물려 매출 성장세에 있으며 매장을 확장하고 있다.

중저가 뷔페형 매장의 인기에 힘입어 성장 중인 애슐리퀸즈
(사진_애슐리퀸즈)

CJ푸드빌의 뷔페 브랜드 '빕스'는 무리한 확장보다는 상권 분석을 통한 리로케이션, 웰니스 트렌드에 맞는 건강 지향 메뉴, 키즈 존과 프라이빗 존 도입 등 프리미엄화 전략을 통해 접근성, 고객 만족, 수익성과 브랜드 가치를 강화하는 전략을 취하고 있다. 리로케이션 성과를 거둔 대표적인 매장인 마곡 원그로브점의 경우 등촌 1호점을 이전하면서 오픈 직후 매출이 70% 이상 증가하고 방문객이 전국 1위를 기록하는 등 즉각적인 효과를 거뒀다. 이 같은 기업형 식당이 강세를 보이는 이

유는 가격 대비 높은 만족도와 예측 가능한 품질, 가족 단위와 단체 고객을 포용하는 확장성이 있기 때문이다. 또한 대규모 물류와 공급망을 기반으로 한 안정적인 식자재 수급을 통해 메뉴의 퀄리티를 일관되게 유지하고, 이와 동시에 트렌드에 민감하게 반응하는 유연성도 장점이라 할 수 있다.

1인 운영 식당의 가장 큰 장점은 셰프와의 소통이다.

반대로 오너 셰프가 직접 운영하는 '작은 식당'은 대외적 여건의 변화로 매장 효율을 극대화하기 위해 규모를 축소하는 추세지만 이러한 공간들은 대형 프랜차이즈와는 다른 고유한 매력이 장점이다. 메뉴에는 셰프의 개성과 철학이 담겨 있어 계절이나 재료 상황에 따라 변화를 줄 수 있고, 눈앞에서 음식을 만드는 모습을 볼 수 있을 뿐 아니라 손님과 눈을 맞추며 음식을 설명하는 과정에서 식사와 함께 이야기가 있는 경험을 제공하기도 한다. 규모가 작기에 손님의 취향을 고려한 맞춤형 조율도 가능하며, 단골에게는 개인화된 서비스가 주어진다. 이런 인간적인 교류와 진정성은 깊은 신뢰와 만족을 안겨주고, 지역 식재료나 독창적 요리를 통해 로컬의 색깔까지 느끼게 한다. 결국 사람과 사람이기에 전해지는 온기와 개별화된 경험이 소비자들의 선호로 이어지며, 대형화·자동화가 가속되는 외식업계 속에서 작은 오너 셰프 식당의 존재 가치 역시 부각되고 있다.

그중 특히 주목받은 것은 셰프가 그날의 재료와 창의성을 바탕으로 요리를 구성해 소수에게만 서비스하는 일식 오마카세다. 오너 셰프 중심의 작은 가게가 전달할 수 있는 독창성과 진정성을 무기로 삼아 강점을 극대화하는 외식 장르로 진화하면서 기존 스시와 일식 장르뿐만 아니라 닭발, 순대, 낙지, 한식 횟집 등으로 확장되며 대중화되었다. 넷플릭스 <흑백요리사>에 출연해 유명세를 탄 '이모카세 1호'

김미령 셰프의 업장으로 제철 안주를 코스로 내는 '즐거운 술상'이 대표적인 예다. 그 밖에도 '삼촌카세'로 입소문난 서울 송파구 '제우스닭발', 지인이나 단골만 예약 가능하며 순대 및 특수 부위를 중심으로 순대 오마카세를 선보이는 서울 관악구 '서림실비순대', 벌교와 목포 출신 사장님 내외가 이른 아침마다 시장에서 직접 공수해온 낙지 등의 해산물로 조리해내는 '힘찬카세'로 유명한 서울 광진구 '힘찬갯벌낙지', 한국식 횟집과 일식 오마카세의 특징과 장점을 살려 회부터 매운탕까지 이어지는 해산물 오마카세 코스를 제공하는 서울 중랑구 '한국횟집' 등이 많은 인기를 얻고 있다. 이런 식당들은 오너 셰프의 손길로 제철 식재료나 시장 상황에 따라 메뉴를 유연하게 구성해 맞춤형 경험을 제공하며 대부분 고급 오마카세보다 합리적인 1인당 5만 원 전후의 가격대로 서비스한다. 이들 공간은 중랑구 일대와 군자동, 신림동 같은 비(非)핫플 지역의 작은 식당들까지 주목받게 만들며, 로컬 상권에 새로운 활력을 불어넣고 있다. 또한 '아는 사람만 아는 가게'라는 희소성이 바이럴 효과를 일으키며 공유 문화를 강화하고 있다.

'떨이' 찾는 사람들

최근 몇 년 사이 유통기한 임박 상품이나 매장 마감 시간에 맞춘 초저가 식품 판매 플랫폼이 등장하는 것도 눈여겨볼 만한 흐름이다. 편의점, 베이커리, 카페, 식당 등에서 유통기한이 임박했거나 당일 소진이 필요한 상품을 앱에서 확인하고 할인된 가격에 구매할 수 있도록 위치 기반으로 연결하는 서비스인 '라스트오더'를 비롯해 유통기한이 얼마 남지 않았거나 포장 손상 등으로 정가 판매가 어려운 제품을 평균 50% 이상, 많게는 90%까지 할인 판매하는 온라인 중심 플랫폼 '떠리몰'이 대표적이다. 이 외에도 식당·카페의 당일 남은 제품을 저녁 시간대에 묶음 할인 판매하는 방식을 통해 음식물 폐기량을 줄이고 소비자는 저렴하게 즐길 수 있는 서비스를 제공하는 스마트폰 앱 '마감히어로', 레스토랑·카페의 '미스터리 마감 박

선착순 마감 할인 앱 마감히어로
(사진_마감히어로 갈무리)

스'를 5000~1만 원대에 판매해 소비자는 합리적인 가격에 다양한 메뉴를 경험할 수 있고 매장은 재고를 줄일 수 있는 스마트폰 앱 '럭키밀' 등이 있다.

최근 등장한 일부 앱은 한 달 식비를 관리해주며 소비자의 식비 절약 앱으로서 기능하는데, 할인을 진행하는 음식점과 배달 메뉴를 실시간으로 모아 보여줌으로써 합리적 외식 가이드 역할을 하고 있다. 이러한 흐름은 외식업계에도 뚜렷한 영향을 미친다. 대형 뷔페나 패밀리 레스토랑은 마감 시간대 할인 입장권을 도입해 불필요한 식재료 낭비를 줄이고 있으며, 프리미엄 베이커리나 카페는 하루 생산량 중 남은 제품을 저녁 묶음 패키지로 판매해 고객과 상생하는 구조를 만들고 있다. 개인 외식업체에서도 이런 방법의 전략적 활용이 가능하다. SNS나 앞서 소개한 플랫폼 등을 활용해 마감 할인 및 동적 가격제를 도입하거나 시간대별 수요에 따라 가격을 조정해 식재료 낭비를 최소화하는 것. 이를 마케팅 포인트로 활용할 수도 있다.

2. '건강한 스낵'이 식사를 대체하다…스내키피케이션의 시대

바쁜 현대사회에서 정해진 시간에 여유롭게 식사를 챙기는 일은 점점 어려워지고 있다. 세대와 시대의 변화에 따라 아침·점심·저녁으로 나뉘던 전통적인 3식 체계가 흔들리면서 이 빈틈을 메우는 새로운 식문화로 '스내키피케이션(Snackification)'이 부상하고 있다. 이 용어는 '스낵(Snack)'과 '~화(-ification)'의 결합어로 정규 식사 대신 짧은 시간 안에 소량의 음식을 여러 번 나누어 섭취하는 '식사의 간식화'를 의미한다. 스내키피케이션 현상은 국내뿐 아니라 세계적 추세다. 시장조사 기관 유로모니터가 발표한 '2024년 글로벌 스낵 시장 주요 트렌드' 자료에 따르면 미국 성인 6명 중 1명(17%), 영국·브라질 성인 8명 중 1명(13%), 싱가포르·홍콩 성인 9명 중 1명(11%)이 스낵으로 식사를 대체하는 것으로 나타났으며 한국은 8명 중 1명이 식사 대신 스낵을 먹는 것으로 나타났다. 2024년 글로벌 스낵 시장은 전년 대비 3.7% 증가한 6800억 달러 수준인 것으로 파악되며, 2025년 역시 글로벌 스낵 시장이 전년보다 3% 증가한 7000억 달러 규모로 예상되면서 성장세에 있다. "밥은 먹고 다니냐?"며 인사하고 "밥심으로 산다"던 시절이 무색하게도 요즘 한국인의 밥상 풍경은 사뭇 달라졌다. 인간의 기본적인 삶을 구성하는 의식주 가운데 생존과 건강, 문화와 직결된 식(食)은 다양한 사회·경제적 흐름과 맞물려 끊임없이 변화하고 있다. 특히 인구구조와 라이프스타일의 변화는 현대인의 식문화에 커다란 영향을 끼쳤다.

1900원대로 간편하고 가성비 있게 즐길 수 있는 SPC삼립의 런치빵(사진_SPC삼립)

'1인 가구 및 맞벌이 가구의 증가'는 현대인의 식사가 간소화되는 가장 큰 요인으로 꼽힌다. 현재 우리나라는 세 가구 중 하나가 혼자 사는 1인 가구로 집계되는데, 이 같은 인구구조의 변화는 유연한 식사 패턴과 최대한 손이 덜 가는 소포장 식품 또는 스낵형 식사의 선호 및 일상화로 이어졌다. 현대인의 '개인주의' 성향 역시 스내키피케이션을 촉진하는 요소다. 자신의 시간, 입맛, 건강 목표, 생활 패턴에 따른 음식 선택이 중요해지면서 간편하고 개인 맞춤화가 용이한 스낵형 식사를 선호하는 현상으로 이어지고 있는 것이다. 특히 직장인 가운데 식사 시간을 개인에게 주어진 여가 시간으로 인식하고 이를 효율적으로 활용하고자 하는 '혼밥족'이 보편화되면서 빠르고 간편하게 식사를 해결하고 나머지 시간을 개인의 여가나 자기 계발 시간으로 활용하는 경우도 적지 않다. 한 손에는 스마트폰을 들고 각자의 취향에 맞는 영상을 시청하면서 한 손엔 간편한 음식을 쥐고 먹는 모습은 오늘날의 흔한 식사 풍경이 됐다.

'고물가'의 영향도 크다. '런치플레이션(Lunchflation: 점심을 뜻하는 런치와 물가 상승을 의미하는 인플레이션의 합성어)'이라는 신조어가 생길 만큼 외식 물가가 급격히 상승하면서 주로 외부에서 끼니를 해결해야 하는 직장인, 학생들을 중심으로 한 끼 식사의 부담이 커졌다. 또한 불경기가 장기화되면서 과시적인 소비를 일컫는 플렉스(Flex)보다는 가격이 저렴하면서도 품질 좋은 상품을 똑똑하게 소비하는 '절약형 소비'가 대세로 여겨지며 개인의 취향과 가격 경쟁력, 편의성을 두루 갖춘 간편 식사에 대한 소비자들의 니즈가 커지고 있다.

건강한 스낵, 삶을 설계하다

'무엇을 먹느냐'만큼이나 '어떻게 먹느냐'가 중요한 시대다. 현대인들은 과거에 비해 평균수명이 연장됐고 온라인을 통해 서로의 라이프스타일을 공유하는 것에 익숙하며, 동시에 많은 정보를 습득하기에 아는 것도 많다. 질병의 치료보다는 예방이 중요해졌고, 식사의 기능을 넘어 삶의 질과 연결된 가치가 중요해졌다. 이에 따라 최근에는 '간식화된 식사' 방식이 영양의 균형과 건강을 동시에 고려하는 방향인 웰니스(Wellness) 식단으로 진화하고 있다. 과거 간식은 허기를 달래기 위한 고열량, 저영양 중심의 음식으로 인식되었지만 현재의 소비자들은 단순히 효율만을 담보하는 것이 아닌 간편하지만 제대로 된 경험과 질적 이로움을 추구한다는 것이다. 또한 지속 가능성과 심리적 만족을 중시하는 웰니스 중심의 라이프스타일까지 더해지며, 간식은 식사와 식사 사이의 '틈새 음식'에서 삶의 리듬을 균형 있게 설계하는 주요 요소로 부상하고 있다.

최근 '저속 노화(Slow-aging)', '혈당 관리' 등의 다이어트 키워드가 유행하고 있는데, 이는 단순히 체중 감량과 칼로리를 제한하는 방식에서 벗어나 개개인에 맞는 영양 설계를 통해 건강한 삶을 지속하고자 하는 현대인의 가치관이 반영된 결과다. 같은 맥락으로 적게 먹는 식사를 생활화하는 '소식좌'를 지향하며 혈당의 급격한 변화를 경계하고 대사 건강에 긍정적인 영향을 고려하는 '짧은 식사' 역시 현대인의 새로운 식사 전략으로 자리 잡고 있다.

요즘 식품 및 외식 산업의 지형은 건강한 스내키피케이션 트렌드에 발맞추어 빠르게 재편되고 있다. 글로벌 식품 브랜드들은 이제 제품 개발 초기 단계에서부터 '언제, 어디서, 어떻게 먹을 것인가'를 고민하며 포장 단위와 재료 구성을 설계한다. 제품 하나에도 건강, 속도, 이동성, 지속 가능성이라는 키워드가 따라붙는다. 국내 식품업계는 식사의 간식화에 따른 간편식 제품 포트폴리오를 강화하고 있는데, 맛과 편의성은 물론 MZ세대의 건강에 대한 높은 관심사를 고려해 '저당'과 '고단백' 간편 식품을 주축으로 다양한 건강 간편식 제품군 라인업을 확대하고 있다. 유산균과 단백질 함량을 높인 그릭 요거트, 식이섬유와 저당 설계를 더한 견과류 바, 식물성 단백질 기반의 냉동 그레인 볼, 수면의 질을 향상하는 착즙 주스 등 바쁜 일상 속에서도 손쉽게 섭취할 수 있는 건강한 스낵형 식사들이 그 대표적인 예다.

외식업계 역시 빠르고 간편하면서도 건강함까지 담아내는 한 끼에 주목하고 있다. 한 그릇 메뉴 혹은 취식 장소에 구애가 없는 포터블(Portable) 푸드를 중심으로 건강샐러드, 단백질컵밥, 키토김밥 등 자극적이지 않고 영양 균형을 갖춘 소용량 간편식 또는 기능성 스낵이 외식업의 새로운 성장 아이템으로 부상하고 있다. 또한 고물가와 소비 위축의 영향으로 단체 급식 업계가 호황을 맞고 있는 가운데 기존 대량 제공 중심의 구조에서 벗어나 '개인 맞춤형' 건강 식단과 간편하면서도 균형 잡힌 구성을 강조하는 방향으로 진화하고 있다. 과거의 급식이 '저렴하고 배부른 한 끼'에 치중했다면, 이제는 '건강한 간편식의 집합체'를 추구함에 따라 스내키피케이션 트렌드와 유사한 흐름을 보이고 있는 것. 이와 같은 제품 및 서비스는 바쁜 일상 속에서도 건강과 효율을 추구하는 현대인의 욕망이 집약된 결과물인 셈이다. 식사는 이제 더 이상 형식이 아닌, 기능과 선택의 문제로 전환되고 있다. 그리고 그 중심에는 작고 빠르고 영리한 스낵이 자리하고 있다.

3. 매장도 메뉴도 '다운사이징'

야구장 담장 넘은 '컵푸드'

최근 외식업계에서는 '소형화' 추세가 뚜렷하게 나타나고 있다. 1인 가구 증가와 혼밥·혼술 문화 확산, 고물가로 인한 실용 소비 성향 강화가 맞물리면서 소비자들은 대형 메뉴보다는 작지만 합리적인 한 끼를 선호하게 되었다. 가장 큰 요인은 '가격'이다. 기존의 같은 메뉴라도 양을 줄이면 가격 부담이 낮아지면서 접근성이 높아지게 된다. 또한 여러 메뉴를 다양하게 경험할 수 있는 기회를 제공한다는 점도 양보다 경험과 다양성을 중시하는 소비 추세에 부합한다. 대표적인 사례가 바로 컵빙수다. 과거 일반 빙수는 여럿이 함께 나누어 먹어야 하는 메뉴였고, 가격도 일반 음료의 2배 이상이었다. 하지만 컵빙수의 평균 가격은 약 5000원가량으로 음료 메뉴와 차이가 크지 않다. 컵빙수 열풍과 더불어 컵마라탕, 컵치킨, 컵물회 등 한 손에 들고 먹는 소형화 메뉴가 다양해지고 있는데 이러한 흐름은 프로야구의 인기와 맞물려 더욱 주목받고 있다. 야구장은 경기 관람과 먹는 즐거움을 동시에 즐기는 것이 중요한 문화로 자리하는데 좌석에서 손쉽게 먹고 버릴 수 있는 컵푸드가 최적화된 소비 형태로 떠오른 것이다.

소용량 트렌드에 발맞춰 외식업계에서 선보인 컵푸드
(사진_파리바게트 컵빙수와 샤오마라의 컵마라탕)

주점이나 식당에서는 일반 메뉴는 물론 주류까지도 소형화하고 있다. 주류를 병 단위로만 판매하던 외식 업장도 '잔술'을 도입해 주류 주문에 대한 부담을 낮추고 객단가를 끌어올리는 전략을 취하고 있다. 또한 하이볼이나 생맥주 같은 보편적인 잔술뿐 아니라 막걸리, 위스키, 소주 등 음식과의 궁합을 고려한 다양한 반주 메뉴가 등장하고 있다.

만족스러운 '한 그릇'

실용 소비 트렌드 속에서 외식업계는 '한 그릇 메뉴'를 빼놓을 수 없게 되었다. 행정안전부가 발간한 <2025 행정안전통계연보>에 따르면 국내 1인 가구 수가 처음으로 1000만 세대를 넘어 전체 세대의 42%를 차지하는 것으로 나타났다. 이에 따라 소비 트렌드 역시 나홀로 세대에 맞게 진화하고 있다. 혼자 식사를 해결하는 '혼밥'은 더 이상 특수한 소비 패턴이 아니며, '만족스러운 한 그릇'은 외식업에서 주요 경쟁 아이템으로 떠오르며 다양한 전략을 통해 시대의 흐름에 편승하고 있다. 한 그릇 안에 단백질·채소·탄수화물이 조화를 이루는 구성이 기본이며, 여기에 소소하지만 만족을 주는 국물이나 반찬, 미니 사이드 디시를 더하면 가격 대비 체감 가치는 더욱 커진다. 실제로 외식업계에서는 국밥이나 찌개류는 물론 덮밥, 비빔밥, 파스타·라멘 같은 면 요리, 샐러드, 브런치 플레이트 등 한 그릇으로 이뤄진 메뉴의 도입 비중이 높아졌다.

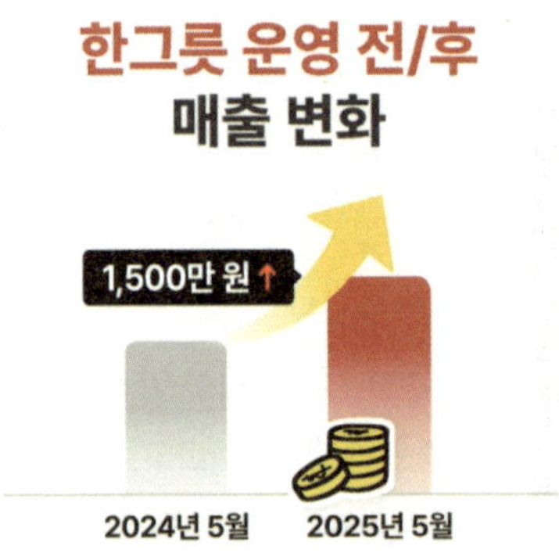

한 그릇 운영 전후 매출 변화(출처_배달의민족)

대표적인 가성비 외식 메뉴인 순댓국·칼국수 업종에서도 새로운 조리법과 재료, 구성의 변화를 통해 익숙하지만 새로운 변주를 선보이는 사례가 늘고 있다. 순댓국에 색다른 소스와 미니 수육을 곁들이거나 칼국수에 치즈감자전을 붙이는 방식처럼 기본 단가가 낮은 메뉴를 도입할 경우 새로운 킥을 더한 소규모 세트 구성을 통해 객단가와 만족도를 높이는 것은 이제 필수로 여겨지고 있다.

배달 플랫폼 '배달의민족'은 1인 식사 주문의 걸림돌이던 최소 주문 금액이 없는 '한 그릇' 카테고리를 새롭게 도입했는데 운영 한 달 만에 주문 수 2배, 이용 고객 수 123% 증가를 기록했으며 70여 일 만에 사용자 100만 명을 돌파했다. 이에 입점 업주들 역시 적극적으로 한 그릇 메뉴를 도입하고 있다. 대표적인 배달 메뉴인 치킨 업계에서도 반 마리 메뉴, '혼치' 세트 등을 도입하며 1인 수요를 공략하고 있다.

혼치족을 위해 출시한 교촌 싱글 시리즈(사진_교촌)

한식 분야의 변화는 더욱 극명하다. 과거 반드시 2인 이상 주문을 요구하던 전골이나 찜 요리, 불판에 구워 먹는 고기 요리까지 1인용 화구를 활용한 단품화가 확산되며 혼밥 시장에 적극적으로 편입되고 있기 때문이다. 농림축산식품부 조사에 따르면 1인 전골·찌개류 메뉴를 제공하는 외식업체 비율은 최근 3년간 꾸준히 증가세를 보이고 있으며, 이는 1인 소비자들의 만족스러운 경험과 직결되고 있다. 또한 단순히 기존 메뉴의 '양'을 축소하기보다 인기 메뉴를 소량씩 조합한 세트 메뉴나 메인과 사이드 메뉴를 합친 1인 메뉴 등 혼자 먹더라도 식사의 만족감은 그대로 가져갈 수 있는 영리한 한 끼를 구성하는 업소가 많아졌다는 것도 과거와 달라진 점이다.

이제는 식당에서 혼자 밥을 먹는 풍경이 매우 흔하지만 이렇게 외식에서 혼밥이 보편화되는 과정은 인구구조 변화와 맞물려 유독 한국에서 더 요란하게 부각됐다. 이는 한국인의 전통적인 식문화 및 외식 특성과 깊은 관련이 있다. 한국의 식문화는 오랜 세월 동안 '밥상 공동체' 문화를 중심으로 발전해왔고, 밥·국·반찬을 여럿이 함께 나눠 먹는 것이 기본이었다. 식사를 함께하는 행위는 관계를 확인하고 유대감을 다지는 사회적 의례였기 때문에 혼자 밥을 먹는 것은 오랫동안 외로움이나

고립과 연결된 부정적 의미로 받아들여졌다. 또한 한국인의 외식 문화는 그동안 여럿이 모여 함께 먹는 메뉴가 많았다. 삼겹살, 치킨, 전골, 찜 요리처럼 대부분의 외식 메뉴가 2인 이상 주문을 기본으로 하고 술과 음식을 나누며 어우러지는 것이 자연스러운 흐름이었다. 이는 집단적 정서와 관계 지향적인 국민성과도 맞물린다. 한국 사회는 개인보다 가족, 회사, 모임 등 집단 단위의 정체성을 중시해왔기 때문에 혼자 밥을 먹는 행위는 단순한 개인 선택이 아니라 사회적 관습에 역행하는 일로 여겨진 것이다. 도심에서는 이제 1인 외식이 보편화되어 혼밥이 더 이상 낯설지 않지만 지방 소도시로 내려가면 여전히 분위기가 달라지지 않은 경우도 많다.

생활 밀착형 외식

"그 돈이면 국밥이 몇 그릇인데…" 하던 그들이 결국, 옳았다

지난 <2025 대한민국을 이끄는 외식트렌드>의 '한식의 뉴 헤리티지' 챕터에서 전통 곰탕이 현대적으로 재해석되며 세련된 공간과 정제된 맛으로 다시 주목받는 현상을 살펴본 바 있다. 이러한 흐름은 곰탕에만 머물지 않고 국밥 전반의 브랜드화와 확장으로 이어지고 있다. 특히 최근 중소 외식 법인에서 순댓국밥 브랜드 론칭이 이어지고 있는 현상 또한 이러한 흐름과 연결된다. 순댓국밥은 고물가 속에서도 여전히 합리적인 선택지이며 밥, 국물, 고기가 한 그릇에 모두 담겨 있어 영양과 포만감을 동시에 충족하는 대표적인 완결형 한 그릇 메뉴다. 일반 곰탕과 비교했을 때 가격 접근성이 뛰어나 경기 변동이나 유행의 변화에도 연령, 지역을 불문하고 누구나 쉽게 찾을 수 있는 안정적인 수요 기반을 가진 메뉴라는 점에서 경제가 어려울수록 빛을 발하는 불황형 메뉴라고도 할 수 있다.

외식업 공급자 입장에서도 순댓국은 인력난과 인건비 상승 속에서 조리와 운영 효율성이 높은 메뉴라는 점에서 매력적이다. 중앙 주방(CK) 시스템을 통해 육수와 건더기를 원 팩으로 만들 수 있어 표준화·체인화가 용이하고, 테이블 회전율도 빠

불황형 메뉴인 순댓국 전문점이 현대적인 콘셉트로 소개되는 모습
(사진_왼쪽부터 정백선순대, 아오네순대)

르다. 일반 곰탕은 세심한 셰프의 터치와 주재료의 다양성, 이색 고명이나 곁들이, 비주얼 등이 과거와 확연한 차별화를 이루며 인기를 얻은 데 반해 최근 늘어나고 있는 순댓국집들은 현대적으로 변형된 콘셉트라기보다는 본질에 충실한 형태를 취한다는 점이 특징이다. 깊고 진한 국물, 푸짐한 건더기, 합리적인 가격이라는 전통적 강점을 유지하면서 이를 체계화·표준화해 대중에게 널리 확산되고 있다.

버거 전쟁, 경험은 짧고 대중성은 길다

한국에서 프리미엄 햄버거는 등장할 때마다 큰 주목을 받지만, 대체로 그 열기는 오래가지 못한다. 가장 큰 이유는 한국 시장에서 햄버거는 여전히 '패스트푸드'라는 인식에서 자유롭지 못하기 때문이다. 프리미엄 버거 브랜드나 수제 버거 전문점의 버거는 1만5000원에서 2만 원을 넘어서는 가격이 형성돼 있다. 같은 비용으로 밥과 국, 반찬이 갖춰진 한 끼 식사를 즐길 수 있는 국내 외식 환경 속에서 이 같은 햄버거는 가격 대비 만족도에서 한계가 있었다. 2000년대 중반 국내 수제 버거 열풍을 일으킨 '크라제버거'는 한때 프리미엄 버거의 대명사였지만 고가 정책과 무리한 확장, 반조리 식품 판매로 브랜드 정체성과 이미지를 훼손하며 소비자의 반복 방문을 끌어내지 못하고 결국 쇠락했다. 비교적 최근 한국에 입성한 '고든램지버거' 역시 화려한 셰프 네임 밸류로 초반에 화제를 모았으나 수만 원에 달하는 가격에 비해 "한 번의 경험으로 족하다"는 아쉬운 평을 얻으며 화제성을 잃었다. 미국 3대 버거 브랜드로 불리며 초기 폭발적인 관심을 모았던 '파이브가이즈' 역시 국내 진출 고작 2년 만에 매각의 수순을 밟기 시작했다(2025년 8월). 호실적에도 본사에 지급하는 높은 수수료로 인해 영업이익이 낮고, 초기에 비해 브랜드

화제성이 떨어진 시점에서 가격 민감도가 높아진 소비자를 설득하기 까다로운 구조가 형성되어 장기적으로 불리한 포지션에 놓였기 때문이다.

반대로 대중적인 햄버거 프랜차이즈는 견고한 성장세를 보이고 있다. 그 배경에는 가성비, 접근성, 대중성이라는 세 가지 키워드가 자리한다. 먼저 '맘스터치'는 치킨버거와 사이드 메뉴를 앞세워 '가성비 강자'로 자리 잡았다. 최근에는 피자와 버거를 함께 즐기는 QSR(Quick Service Restaurant)형 매장으로 확장을 꾀하며 매출을 키워가고 있으며 글로벌 시장 진출 성과도 주목할 만하다. 'KFC'는 2025년 상반기 매출이 전년 대비 19.2% 증가한 1678억 원에 달하며, 영업이익은 39.7% 늘어났다. 매출과 영업이익 모두 한국 진출 이래 가장 높은 수치다. 저렴한 세트 구성, 야간 할인 등의 마케팅도 주효했다. '맥도날드'는 2024년 국내 진출 이후 역대 최대 매출인 1조4090억 원을 달성했다. 드라이브 스루와 배달 매출 확대, ESG(환경·사회·거버넌스) 활동, '익산고구마 모짜렐라버거' 같은 지역 농산물을 활용한 '한국의 맛(Taste of Korea)' 프로젝트 등이 브랜드 신뢰도를 높이고 있다.

출시 3개월 만에 400만 개를 판매한 롯데리아의 나폴리 맛피아 모짜렐라버거(사진_롯데리아)

'롯데리아'는 한때 침체기를 겪었지만 '불고기버거', '새우버거' 등 대표 메뉴 리뉴얼과 함께 '나폴리 맛피아 모짜렐라버거' 같은 화제 메뉴로 부활에 성공했다. 이 제품은 석 달간 누적 판매 400만 개 이상을 기록하며 매출 비중 10%를 차지했다. 2025년 상반기 매출은 5363억 원, 영업이익은 369억 원으로 전년 대비 59.7% 급증하며 재도약의 발판을 마련했다. '버거킹'은 와퍼 3900원 프로모션과 수학 일타 강사 '정승제버거', '추성훈버거' 같은 길티플레저

(Guilty Pleasure: 죄책감을 느끼는 행동에서 즐거움을 얻는 것) 메뉴로 화제성을 끌어냈다. 정승제버거는 치즈 14장의 파격 구성과 팬덤 스토리로, 추성훈버거는 1800kcal의 초고열량 콘셉트로 소비자 호기심을 자극하는 등 국내 1020 소비자들과의 공감대 형성에 집중하며 친근감을 높였다. 이는 한국 외식 시장에서 지속성 있는 브랜드의 성장은 경험의 희소성보다는 가격·품질·브랜드 신뢰의 균형 위에서 가능하다는 점을 시사한다.

프랜차이즈, 소형화 점포 확대

최근 외식업계, 특히 프랜차이즈 업계에서는 메뉴뿐 아니라 매장 자체의 소형화도 두드러진다. 수도권 상권을 중심으로 임대료와 인건비가 치솟으면서 가맹 본부와 예비 창업주 모두 초기 투자비와 고정비를 줄일 수 있는 소형 매장 모델을 선호하게 된 것. 특히 코로나19를 거치며 배달·포장 중심의 소비가 확산되었고, 더 이상 넓은 홀 공간을 유지할 필요가 없어졌다. 1~2인 최소 인원으로 운영 가능한 소형 매장은 치솟은 인건비의 리스크를 최소화할 수 있다는 점도 중요한 배경이다.

신세계 푸드에서 운영하는 '노브랜드버거' 건대점 매장은 초소형 매장으로 운영되는 새로운 영업 모델을 적용했다. 기존 매장 크기와 창업 비용을 각각 40% 줄인 콤팩트한 매장을 운영하면서 배달과 테이크아웃 수요가 많은 대학가 상권 특성을 고려해 좌석 수를 줄이고 주방 동선을 효율화해 1~2인 운영만으로도 충분히 관리할 수 있는 구조를 갖춘 것이 특징이다. '파파존스'도 고효율 특수 매장인 '그랩 익스프레스'를 본격적으로 확대하고 있다. 약 10평 규모의 특수 소형 매장으로 주력 메뉴 중심의 메뉴 간소화를 통해 운영 효율을 극대화한 소자본 1인 창업 모델이다. 매장 규모는 물론 오븐 등 필수 설비 최소화로 초기 투자 비용과 임차료에 대한 부담을 낮추고 수익성을 높인 것이 강점이다.

프랜차이즈 업계의 이 같은 소형화 추세는 초기 투자금과 운영비를 낮춰 창업 접

파파존스의 고효율 특수 매장 그랩 익스프레스 (사진_파파존스)

근성을 높이고, 임대료와 인건비 부담을 최소화해 운영 효율성을 높이는 전략으로 작동한다. 또한 소형 매장은 대학가, 지하상가, 골목 상권 등 대형 매장이 들어서기 어려운 곳에도 출점이 가능해 상권 대응력이 뛰어나며 소비자에게는 합리적인 가격과 편리한 접근성을 제공한다. 본사 입장에서도 대형 체험형 매장과 작지만 알찬 소형 실속형 매장을 투 트랙 전략으로 병행하면 리스크를 분산시키는 동시에 소비자에게는 다양한 접점을 제공할 수 있다는 장점이 있다.

4. 라이프핏 외식

불안정한 시대일수록 소비는 화려한 유행보다 안정된 일상을 향한다. 고물가와 경기 침체, 불확실한 사회, 기후 환경 속에서 사람들은 정상적 일상의 가치를 지키는 데 더 큰 의미를 부여한다. 명품보다는 실속 있는 양산품을 찾고, 클래식 음악이나 전통 취향을 재발견하며 빠르게 사라지는 트렌드보다 오래 갈 수 있는 확실한 가치를 중시하는 흐름은 이미 곳곳에서 확인된다. 지금의 소비는 절약을 위한 선택이라기보다 확실한 품질과 진정성을 확보해 마음 편히 즐길 수 있는 경험을 찾는 데 가까워졌다. 외식업 역시 이러한 흐름을 담아내며 새로운 키워드를 만들어내고 있다. 그것이 바로 '라이프핏(Life-fit)' 외식이다. 이는 화려한 신메뉴나 과잉된 콘셉트보다는 현대인의 생활 리듬에 맞춰 설계되어 일상에 자연스럽게 녹아드는 실용성과 품질을 중시하는 외식 소비 형태를 의미한다.

몰링형 외식 : 미식 격전지된 백화점과 마트

외식 공간은 이제 소비자의 생활 동선 속으로 깊숙이 들어와 있다. 백화점 식당가는 그 변화를 가장 잘 보여주는 사례다. 과거에는 쇼핑을 하다 들르는 보조적인 공간이었지만, 지금은 유명 셰프의 레스토랑, 전국 각지에서 소문난 맛집, 해외 직영 브랜드까지 모여 있는 미식의 무대로 변모했다. 방문하는 고객층이 다양하기에 고급 다이닝부터 가족 단위 레스토랑, 디저트 카페 그리고 포장 전문 매장까지 세분화된 구성을 갖춰 수요를 충족시키고 있다. 국내 대표 백화점 실적을 보면 신세계 백화점 본점은 식당가 재단장 이후 6개월간 매출이 전년 대비 25% 증가했고, 여의도 더현대서울은 '더현대 다이닝위크' 진행 결과 매출이 46.1% 신장하는 등 높은 성과를 나타냈다.

백화점 입장에서는 이처럼 미식 거점을 강화하는 분명한 전략적 이유가 있다. 불경기로 명품 소비가 줄고 온라인 쇼핑의 발달로 의류나 잡화 매출이 예전만큼 탄력을 받지 못하는 상황에서 접근성이 높고 오프라인 경험을 극대화할 수 있는 미식을 통한 새로운 경쟁력 확보가 필요해진 것이다. 미식 공간은 고객의 체류 시간을 늘리고 다른 매장 방문과 구매로 연결시키는 징검다리 역할도 할 수 있다. 소비자 입장에서도 외식과 쇼핑, 오프라인 체험을 원스톱으로 즐길 수 있는 편리함은 매우 큰 메리트다. 인구밀도가 높고 교통 체증이 심한 대도시의 경우 목적에 따라 장소를 옮기는 것 자체가 부담으로 다가오기 때문이다. 특히 기후변화로 인한 극단적인 폭염과 한파, 미세먼지 등의 외부 요인은 소비자들을 자유로운 실내로 이끌었다. 또한 백화점이 보증하는 위생과 서비스에 대한 신뢰는 외식 선택에 중요한 기준이 되며, 게다가 평소 접하기 어려운 유명 셰프의 요리나 해외 브랜드 메뉴를 한자리에서 경험할 수 있다는 점은 큰 매력으로 다가온다.

맛집이 각 백화점의 경쟁력이 되면서 식당가 및 델리의 '최초 입점' 경쟁도 심화되고 있다. 특히 최근에는 유명 셰프나 브랜드가 백화점 매장 전용 브랜드를 신규 출점하면서 입점해 '유일한 매장'으로서 방문 가치를 높이는 전략을 취하는 사례가

신세계백화점 강남점에 오픈한 6000평 규모의 프리미엄 델리 전문관

늘고 있다. 이는 입점 업체 입장에서도 매장 고객의 분산을 막고 희소성을 높이는 전략으로 작용한다. 그 밖에 별도 팝업 존을 두어 지속적으로 팝업 매장을 새롭게 갱신하며 꾸준한 방문을 유도하기도 한다.

식도락 경쟁력에 집중하고 있는 신세계백화점 강남점은 2025년 8월 지하 1층에 약 4000㎡(약 1200평) 규모의 프리미엄 델리 전문관을 열면서 2년간 진행해온 식품관 프로젝트 리뉴얼 작업을 마무리했다. 2024년 문을 연 디저트 전문관 '스위트파크'와 프리미엄 식당가 '하우스오브신세계' 등의 뒤를 이어서 2025년 오픈한 프리미엄 델리 전문관에는 용리단길 맛집 '효뜨' 남준영 셰프가 선보인 '남스델리', 여경래 셰프와 협업한 '구오만두', 일본 현지의 오픈런 주먹밥 매장 '교토오니마루', 베트남 현지의 유명 건강식 레스토랑 '블루버터플라이', 싱가포르식 미쉐린 빕그루망 식당 '원디그리노스' 등 다양한 국적의 브랜드가 들어왔다.

대형 마트 델리 코너도 외식 형태 변화를 반영하는 중요한 공간으로 자리 잡았다. 과거에는 간단한 반찬 위주였으나, 최근에는 전문 레스토랑 수준의 즉석 조리 메뉴와 프리미엄 간편식을 제공하면서 소비자의 선택지를 넓히고 있다. 마트 입장에서는 오프라인 경쟁력을 강화하고, 온라인 배송과 차별화된 경험을 제공하기 위해 델리를 전략적으로 확대하고 있다. 이는 신선·가공식품도 온라인 배송이 가능한 시점에서 완조리된 즉석식품을 배달 음식보다 싸게 즐길 수 있는 가격 포지셔닝으로 고객 체류를 유도하는 '몰링형' 콘텐츠 전략이다.

이랜드리테일이 운영하는 '델리바이애슐리'는 애슐리퀸즈 뷔페 메뉴를 셰프들이 당일 생산해 판매하는 델리 매장으로 3990원 균일가로 선보이며 큰 인기를 얻고 있다. 롯데마트 '그랑그로서리' 구리점은 전체 면적 90%를 식품에 할애한 그로서

이랜드리테일이 선보인 델리바이애슐리
(사진_이랜드리테일)

리 특화 매장으로 즉석 조리식을 30m 진열한 '롱 델리 로드'가 있으며 간편식 특화 존도 운영한다. 2025년 오픈한 '이마트 푸드마켓' 고덕점은 20~40대 인구 비중이 높은 신도시 특성을 고려해 델리 판매대를 강화하고 트렌디한 먹거리를 다양하게 구성했다. 특히 오피스 직장인 수요를 겨냥해 초밥, 닭강정, 볶음밥 세트 등 오늘의 메뉴를 제안하는 '테이스티 픽(Tasty Pick)' 존을 새로 선보였다. 이들은 기본적으로 온라인이나 배달 음식점보다는 저렴하고 실속 있는 초저가 전략을 취하고 있다는 것이 공통점이다.

그 많은 고등어는 왜 화덕으로 갔나?

외식업계에 불고 있는 실용 중시 흐름 속에서 단순히 값싼 한 끼가 아니라 "내가 쓴 비용이 어떤 가치를 안겨주는가"를 따지고 가격 대비 효용과 만족을 찾는 소비자가 늘면서 각광받는 업종 중 하나가 '생선구이' 전문점이다. 생선구이는 언뜻 간단해 보일 수 있지만 집에서 손질하기 번거롭고 적당하게 익히는 데 노하우가 필요하며 조리 시 공간에 냄새가 배는 것이 큰 단점이다. 외식은 이를 간편하고 맛있게 즐길 수 있도록 해결해주는 역할을 한다. 최근 고등어를 중심으로 다양한 생선구이를 선보이는 전문점이 늘어나고 있는데, 주재료를 고등어로 채택하는 이유는 냉동 유통이 발달되어 보관이 용이하며 계절적 영향 및 가격 부담이 적어 안정적인 운영이 가능하다는 장점이 있기 때문이다. 부담스럽지 않은 가격대로 포지셔닝할 수 있어 고객 유인 메뉴로도 작동한다. 또한 고깃집, 치킨집 등 기타 업소에 비해 상대적으로 경쟁이 덜하고 곁들이 메뉴, 반찬, 서비스, 화덕 직화 방식 같은 시각적·향적 요소를 활용한 차별화 여지가 많다.

경기도 용인 수지의 '산으로간고등어'는 단일 매장임에도 연매출 63억 원, 하루 방문객 수백 팀의 웨이팅 행렬을 자랑하는 지역의 명소다. 400℃가 넘는 회전 화덕에서 생선을 구워 겉은 바삭, 속은 촉촉한 질감에 불 향 가득한 후각적 자극과 시각적 임팩트를 주며 소비자들의 마음을 사로잡았다. 또한 강원도 정선 곤드레와 홍시로 맛을 낸 홍타리총각김치 등 음식 궁합이 맞는 반찬을 제철에 맞게 선보이며, 반찬 가게도 함께 운영해 부가 수익을 창출하고 있다. 그 밖에도 경기도 남양주의 '삼대고등어명장', 경기도 김포의 '화덕품은고등어', 경기도 하남시의 '정성고등어' 등도 화덕 생선구이와 각자의 차별화를 통해 지역 주민들이 즐겨 찾는 외식 공간으로 자리 잡았다.

경기도 용인시 산으로간고등어의 상차림(사진_산으로간고등어)

이처럼 소비자에게는 합리적인 가격에 번거로움 없이 '돈값 하는 한 끼'를 제공하고, 업체에는 안정적 운영과 차별화 기회를 동시에 보장하는 생선구이 전문점의 부상은 불황 속에서도 가치 있는 소비에 대한 갈증이 얼마나 강력한 동력이 될 수 있는지를 잘 보여준다. ●

WOW! TASTE
MOM's TOUCH
バーガーの常識がひっくり返る
韓国No.1 バーガー＆チキン ブランド
MOM'S TOUCH

가스트로 디플로머시 (Gastro Diplomacy) : 미식 외교

CHAPTER 03.

롯데리아
LOTTERIA
SOFT OPENING
RUMI
it's
TACO
Time

K-팝, K-드라마로 시작된 문화적 열풍이 음식으로까지 확산되며 시작된 K-푸드 열풍은 국내 식품 및 외식 산업의 흐름을 바꾸고 있다. 특히 최근 한국을 배경으로 활동하는 K-팝 스타가 주인공으로 등장하는 넷플릭스 애니메이션 〈케이팝 데몬 헌터스〉의 전 세계적인 인기는 K-컬처 열풍을 재점화하는 촉매제가 되었다. 실제로 〈케이팝 데몬 헌터스〉 방영 이후 구글 키워드의 'Korea', 'K-Food' 검색량이 급증했으며 작품 속 명소 및 주인공이 즐기는 라면, 김밥 등 K-푸드에 대한 관심도 최고조에 달하고 있다. 오직 음식만으로 한식이 낯선 해외 소비자들을 설득하기는 어렵지만 문화와 결합했을 때의 시너지를 증명한 셈이다. 이러한 흐름은 곧 K-외식의 해외 확산으로 이어지는 한편, 이와 더불어 해외 외식 브랜드의 국내 진출도 활발하게 이뤄지고 있다. 여기에 색다른 글로벌 스트리트 푸드의 미식화가 더해지면서 각 나라의 미식은 문화 교류와 이해의 매개체로서 기능하고 있다.

1. 내수 침체 넘어 세계 식탁 위에 오른 K-외식

애니메이션 <케이팝 데몬 헌터스>에서 주인공 헌트릭스가 컵라면을 먹는 장면(사진_넷플릭스)

최근 K-컬처에 대한 관심이 세계 영역으로 확대되면서 국내 외식 기업들도 잇따라 해외로 영토를 확장하고 나섰다. 2025년 현재 국내 외식 기업들의 해외 진출은 그 어느 때보다 활발하다. 한국농수산식품유통공사(aT)가 발표한 '2024 외식 기업 해외 진출 실태 조사' 보고서에 따르면 현재 121개 기업이 144개 브랜드로 4382개 매장을 해외에서 운영하고 있으며, 전년 대비 700여 개 매장이 늘어 증가율이 약 19%에 달하는 것으로 나타났다. 특히 미국 시장은 치킨 매장이 전체의 절반 이상을 차지하며 한류 대표 외식 장르로 자리 잡았고, 제과점과 김밥, 중식 등 다양한 포맷이 뒤를 잇고 있다. 이러한 다변화는 한식 단일 장르에 머물렀던 과거와 달리, 한국 외식 산업이 보다 폭넓은 스펙트럼으로 세계시장을 공략하고 있음을 보여준다.

외식업체의 이 같은 움직임의 배경에는 내수시장 침체가 자리한다. 2024년 외식업 전체 매출은 전년 대비 1.4% 줄어든 161조 원대에 머물렀고, 소상공인 평균 매출도 감소세를 보였다. 체감 경기 지수 역시 코로나19 여파 이후 증가세로 전환되던 추세가 4년 만에 감소하며 위기감은 더욱 커졌다. 경쟁이 포화된 국내시장에서 수익성을 확보하기 어렵게 되자, 기업들은 자연스럽게 해외로 눈을 돌릴 수밖에 없었다.

중국, 동남아시아, 미국, 유럽 등 주요 시장은 한국과 지리적·문화적 연결성이 높거나 혹은 한류 콘텐츠의 확산 효과가 뚜렷한 곳인 만큼 새로운 성장 무대로서 주목받았다. 이뿐만 아니라 중동, 남미 지역까지 개척해 해외 경쟁력을 확보하기 위해 기업들은 제품에 브랜드 가치와 현지 문화를 결합하는 전략을 강화해왔다. 특히 동남아시아, 중동, 몽골, 인도 등은 인구 구조상 20~30대 비중이 높고, 한류 콘텐츠를 적극적으로 소비하는 특성이 있어 K-푸드 경험에 대한 수요가 빠르게 늘어났다. 이들 시장의 젊은 세대는 글로벌 브랜드 경험에 익숙하고, SNS를 통해 신제품과 새로운 외식 문화를 즉각 공유하기 때문에 한국 외식 브랜드가 진출할 경우 파급 효과가 크다.

주요 외식 기업들의 해외 진출 사업은 여러 유형으로 진행된다. 본사가 특정 지역의 가맹 사업 운영권을 마스터 프랜차이즈 사업자에게 부여하고 그 사업자가 해당 지역 내 가맹점 모집·교육·관리·로열티 수취 등을 담당하는 계약 형태인 **▲마스터 프랜차이즈**, 가맹 본부(프랜차이저)가 해외 파트너(마스터 프랜차이즈·에어리어 라이선스·조인트 벤처 등)와 계약을 맺고 특정 국가나 지역에서 자사 브랜드 가맹점을 개설·운영할 수 있는 권리를 부여하는 **▲국제 가맹점 진출**, 본사가 현지에서 직접 운영하는 가맹점을 설립하는 **▲직접 직영점 진출**, 가맹 본부나 원천 기술 보유자가 보유한 조리 기술·레시피·운영 매뉴얼·상표·브랜드 자산 등을 일정한 조건과 기간 동안 다른 사업자에게 사용할 수 있도록 허용하며 법적 계약에 따라 사용권을 부여하는 형태인 **▲기술 전수(라이선스, Licensing)** 등이 그것이다.

대표적으로 치킨 프랜차이즈는 한류와 대중문화의 파급력을 적극 활용해 현지 소비자의 생활 속에 스며들고 있으며, 제과점과 카페는 세련된 공간 디자인과 메뉴의 다양성, 독창성에 글로벌 감각을 접목해 차별화를 시도한다. 또한 정부와 유관기관은 맞춤형 바우처 지원, 국제박람회 참가 확대 등 정책적 지원을 늘리며 민간의 해외 진출을 뒷받침하고 있다.

패스트푸드에서 카페까지, K-외식 브랜드의 글로벌 질주

2025년 8월, 한국 대표 패스트푸드 브랜드 '롯데리아'가 마침내 햄버거의 본고장 미국 시장의 문을 두드렸다. 본사가 직접 매장을 운영하는 직진출로 캘리포니아 오렌지 카운티 풀러턴에 첫 매장을 연 롯데리아는 "The Original K-Burger"를 슬로건으로 내세우고 불고기버거, 새우버거 같은 메뉴를 중심으로 현지 공략에 나섰

미국 캘리포니아 플러턴에 문을 연 롯데리아 1호점에서 방문객들이 줄을 서서 기다리는 모습(사진_롯데리아 인스타그램)

다. 소프트 오프닝 기간부터 하루 500명 가까운 고객이 몰려 긴 대기 줄이 이어졌고, 정식 오픈일에는 한국식 버거와 빙수를 경험하려는 현지 소비자들로 성황을 이뤘다. 한글 간판과 K-버거라는 차별화 전략은 미국 버거 시장에서 크게 주목받았으며, 이를 기반으로 롯데리아는 그동안 아시아 중심이던 진출 무대를 미국 본토로 확장했다는 의미를 남겼다. 미국 햄버거와는 다른 달콤하고 매콤한 소스가 입맛을 사로잡았고, 프리미엄 버거 브랜드 대비 가성비 좋은 가격과 한국 문화에 대한 흥미가 더해져 브랜드 호감도가 높아졌다. 햄버거 수요가 많은 지역에 전략적으로 자리한 1호점이라는 희소성도 작용한 것으로 보인다. 다만 일반 패스트푸드 브랜드 대비 다소 높은 가격, 고의적 줄 세우기와 퀄리티 관리 미흡에 관한 논란 등이 리스크로 지적되고 있어 초반의 화제를 지속적으로 이어갈 수 있을지 지켜봐야 할 듯하다.

롯데리아뿐만 아니라 많은 K-치킨 브랜드가 이미 글로벌 무대에서 강력한 존재감을 확보해왔다. 지역 특성에 따라 진출 방식은 혼합적이다. 치킨은 종교 및 문화적 제약에서 자유롭다는 점에서 시장 진입이 용이하다. 국내 대표 치킨 브랜드 'BBQ'는 현재 전 세계에 700개가 넘는 매장을 운영하고 있으며, 핵심 지역으로 삼고 있는 미국에선 32개 주에 250여 개 매장을 운영 중이다. 또한 오는 2030년까지 매장을 5만 개로 늘리는 목표를 세우고 있다. 2025년 상반기 기준으로 7개국에서 총 84개의 매장을 운영하고 있는 '교촌'과 7개국에서 총 34곳의 매장을 운영하는 'bhc'는 미국 내 점유율을 확대하는 동시에 동남아시아, 중동으로 거점을 넓히고 있다. 이들은 현지화된 소스와 메뉴로 치킨 시장에 도전하면서 'K-치킨'이라는 브랜드 가치를 세계인의 입맛에 각인시키고 있다.

카페와 베이커리 브랜드의 글로벌 행보도 활발하다. 이들 역시 진출 방식은 지역

파리바게트 미국 맨해튼 1270 렉싱턴 에비뉴점(사진_SPC삼립)

에 따라 복합적이다. 2025년 8월 기준 국내 베이커리 양대 산맥인 '파리바게트'는 14개국에 660개 점포, '뚜레쥬르'는 9개국에 560개 점포를 오픈하며 K-베이커리를 전 세계에 알리고 있다. 뚜레쥬르의 경우 현지화하기보다 한국과 동일한 제품을 선보인 것이 오히려 해외시장에서 좋은 반응을 이끈 원동력으로 평가받고 있다. 빙수 전문 카페 브랜드 '설빙'은 일본과 미국, 호주를 넘어 2025년 필리핀 마닐라에서 마스터 프랜차이즈 계약을 체결하며 동남아 시장 확대에 나섰고, 저가 커피 브랜드의 부상으로 국내시장에서 입지가 줄어든 '이디야커피'는 괌에 첫 미국 매장을 연 데 이어 말레이시아에 수백 개의 매장 개설을 계획하며 아시아 시장 공략을 강화하고 있다. '메가MGC커피'와 '디저트39'는 몽골 시장에서 영향력을 키워나가고 있다.

동남아시아, 몽골, 싱가포르 등 K-브랜드 선호도가 높은 지역에서는 한국식 메뉴와 합리적인 가격이 뚜렷한 경쟁력이 되고 있다는 평가다. 내수시장의 출점 경쟁이 치열해지고 성장세가 둔화되는 상황인 데 반해 국내 브랜드들의 메뉴 개발력과 운영 노하우가 이미 글로벌 수준에 근접해 있어 해외시장에서는 충분히 경쟁력이 있다는 분석이다. 해외 진출은 새로운 수익 모델을 창출할 수 있는 전략적 전환점으로, 철저한 현지화와 품질 경쟁력이 뒷받침된다면 K-카페 브랜드의 글로벌 확산은 더욱 탄력을 받을 것으로 전망된다. 이처럼 패스트푸드, 치킨, 카페로 이어지는 K-외식 브랜드의 해외 진출은 특정 장르에 국한되지 않고 다층적으로 전개되고 있다. 이는 한국 문화를 일상적 경험으로 확장하는 과정이라 할 수 있으며 앞으로의 성패는 초기 흥행 이후 얼마나 안정적으로 현지에 정착하고 신뢰를 구축하느냐에 달려 있다고 할 수 있다.

일상 외식부터 파인다이닝까지

최근 한식은 세계 주요 도시에서 파인다이닝부터 캐주얼 레스토랑, 도시락 전문점까지 스펙트럼을 넓히며 국제적인 주목을 받고 있다. 뉴욕과 파리를 비롯한 여러 국제도시에서는 한식 파인다이닝 레스토랑이 미쉐린 스타를 획득하고, 국내 한식 파인다이닝 레스토랑이 '월드 베스트 50 레스토랑'에 다수 선정되며 고급 미식의 영역에서 영향력을 확장하고 있다. 특히 2025년 발표한 '북미 베스트 레스토랑 50(North America's 50 Best Restaurants)' 1위에 미국 뉴욕의 한식당 '아토믹스(Atomix)'가 선정되고, 미국 음식업계의 오스카상으로 불리는 '제임스 비어드 상' 2025년 최우수 셰프상이 뉴욕 한식 파인다이닝 레스토랑 '정식(Jungsik)'의 임정식 셰프에게 돌아간 것은 주목할 만한 사례다.

뉴욕 맨해튼의 한식 캐주얼 다이닝 '소포(SOPO)'는 치폴레의 웰빙 버전으로 불리며 큰 인기를 얻고 있다.(사진_소포)

한편, 같은 뉴욕에서 주목받는 한식 캐주얼 다이닝 '소포(Sopo Korean Eats)'는 전혀 다른 방식으로 한식의 대중화를 이끌고 있다. 고객이 원하는 대로 구성할 수 있는 도시락 콘셉트를 내세워 불고기, 제육볶음, 스테이크 등의 메인 요리에 밥, 국, 채소, 소스, 사이드까지 취향대로 선택 가능하다. 조합 가능한 경우의 수만 5000가지가 넘는 '맞춤형 한식'은 미국의 대중적인 인기 식당인 '치폴레(Chipotle)'의 웰빙 버전으로 불리며 큰 호응을 얻고 있다. 특히 16달러 안팎의 합리적인 가격으로 기존 고급 한식당보다 훨씬 가볍게 접근할 수 있는 일상 속 한식으로 자리 잡았다. 창업진에 월가 출신 스타트업 전문가들이 참여하고, 헤드 셰프 데니스 홍이 미쉐린 3스타 레스토랑에서 경력을 쌓은 한식 전문가라는 점은 소포의 경쟁력을 더욱 강화했다. 뉴욕 포스트 등 현지 언론은 "슬픈 샐러드 대신 빠르고 맛있게 즐길 수 있는 점심 메뉴"라며 소포의 혁신성을 소개하기도 했다.

이처럼 K-미식의 범주는 한층 다채로워졌다. 파인다이닝이 한식의 깊이와 정교함을 세계적으로 알린다면, 소포 같은 패스트 캐주얼 한식당은 접근성과 합리성을 무기로 현지인의 일상 속으로 파고든다. 이외에도 한국식 백반으로 현지인들을 줄 세운 뉴욕의 '동남사거리 기사식당', 돼지곰탕집 '옥동식', 퓨전 한식 타파스 바 '씨 애즈인찰리(C as in Charlie)', 런던의 한식 스트리트 푸드 브랜드 '분식(Bunsik)', 친숙한 한식을 파는 '치맥(Cheemc)', '아랑(Arang)' 등은 한식이 더 이상 특별한 날에만 찾는 이색적 경험이 아니라, 세계인의 일상 속에서 다양하게 소비되는 보편적 미식 카테고리로 자리매김하고 있음을 보여준다.

한식 브랜드와 국내 외식 기업의 글로벌 활약을 지탱하기 위해 국내 미식업계의 질적 성장과 문화적 기반 강화, 그리고 내국인 및 관광객뿐 아니라 국내 거주 외국인 소비자층을 전략적으로 고려해야 한다. 이들은 단순한 노동력이 아니라 한국 문화를 체험하고 배우기 위해 찾아온 잠재적 고부가가치 고객으로 음식은 그 접점이자 경험의 핵심이다. 실제로 외국인들이 자주 사용하는 앱과 플랫폼을 활용한 마케팅을 시도하는 업체가 늘어나고 있으며, 이는 곧 국제적 입소문 채널로 기능한다. 손님이 한 번 방문하고 끝나는 게 아니라 즉각적으로 경험을 공유하고 그것이 모여 장기적으로 브랜드 이미지를 형성하는 시대라는 점에서 외식업계의 대응은 무엇보다 중요하다.

한식의 RE:BORN

요즘 국내에서 주목받는 모던 한식 브랜드들은 전통과 현대를 넘나드는 새로운 미식적 감각을 보여준다. 이들은 제철과 산지 직송 재료를 활용해 한식 고유의 맛을 살리면서도 불필요한 조미료와 자극적인 양념을 줄여 자연스러운 풍미를 강조한다. 조리 방식에서는 서양의 테크닉을 적극적으로 도입해 한식을 리소토나 스테이크 같은 형태로 새롭게 재해석하고, 와인이나 전통주와의 페어링을 통해 국제적인 미식 문법과 접목한다.

공간 역시 중요한 차별화 요소로 작용한다. 한옥을 현대적으로 개조하거나 목재, 한지 같은 전통 소재를 미니멀한 감각과 섞어 아늑하면서도 세련된 분위기를 연출하기도 한다. 한식의 필수 요소인 '밥'에 차별화를 두어 가마솥이나 도정기를 인테리어 요소로 활용하는 경우도 많다. 브랜딩 측면에서는 '모던+한국적'이라는 키워드를 전면에 내세우며, 메뉴 설명과 SNS 비주얼을 통해 외국인 관광객이나 젊은 미식가 등 폭넓은 고객층을 끌어들이고 있다. 가격대는 다소 높게 형성돼 있지만, 소비자들은 단순한 식사를 넘어선 하나의 '경험'으로서 인식하며, 이는 새로운 가치 소비의 흐름과 연결된다. 결국 이들 브랜드는 전통성과 현대성, 익숙함과 새로움, 지역성과 글로벌 감각 사이에서 균형을 잡으며 한식을 확장시키는 중요한 역할을 수행하고 있다.

모던 한식당 선채용산은 눈앞에서 가마솥밥을 짓는다.(사진_선채용산 인스타그램)

서울 용산구 용리단길의 '선채용산'은 전국 팔도의 신선한 재료만을 사용하는 모던 한식당이며 바 테이블로 이루어져 있다. 갈치구이, 곤드레솥밥, 수육, 청어알무김치 등 익숙한 한식에 현대적 감각을 가미했으며 국내 로컬 와인과 맥주 등을 함께 선보인다. 서울 서초구의 '무제오(Muzeo)'는 시즈널 한식 라운지라는 콘셉트로 제철 식재료를 이용해 한식 찜 요리를 새롭게 해석해 선보인다. 한식 타파스를 비롯해 '백반'이라는 이름의 코스 요리와 생선찜·골뱅이찜·찜닭 등 다양한 찜 요리를 경험할 수 있다. 경기 남양주의 '그레인마켓'은 밥을 조연이 아닌 주연으로 선보이는 곳이다. 각지에서 생산하는 쌀을 엄선한 후 현미부터 7분도 백미에 이르기까지 매장에서 직접 단계별로 도정해 지어낸 신선하고 맛있는 밥을 맛볼 수 있다. 밥에는 최소한의 조리로 본연의 맛을 살린 찬과 요리를 곁들인다.

2. 차이나 웨이브

2024년 11월 30일부터 한시적으로 한국인들의 중국 무비자 입국이 시행되면서 상하이는 국내 MZ세대에게 가장 핫한 여행 도시가 됐다. 상하이는 2~3시간이면 갈 수 있는 인접성을 갖춘 데다 외국인 친화적인 도시라 부담이 적고 세계적인 다이닝을 경험할 수 있는 중국의 미식 중심지이기도 하다. 또한 최근 '라부부' 같은 중국발 캐릭터의 인기와 '틱톡' 같은 플랫폼이 친숙해지면서 젊은 층을 중심으로 중국 문화에 대한 포용력이 높아졌다.

다양한 중국 외식 브랜드가 국내에 진출하고 있다.

최근 몇 년 사이 한국 외식 시장에서도 중국 외식 브랜드의 존재감이 눈에 띄게 커지고 있다. 홍대, 강남, 영등포 등 이른바 '황금 상권'에 줄지어 들어선 중국 외식 매장들은 이제 더 이상 낯설지 않다. 과거 몇몇 개인 브랜드가 들어왔다가 위생 문제, 현지화 실패 등으로 금세 철수했던 것과는 전혀 다른 양상이다. 글로벌 훠궈 브랜드 '하이디라오'를 필두로 한 훠궈 브랜드, '헤이티'나 '차백도(茶百道)' 같은 밀크티 브랜드, 그리고 중국의 스타벅스로 불리는 '패왕차희(霸王茶姬)'까지, 중국 본토에서 이미 검증된 대형 브랜드들이 한국 시장을 차례차례 점령하고 있다. 대기 시간만 3~4시간에 달하는 홍대 하이디라오의 풍경은 단기적인 현상이 아니라 한국 외식 시장 지형도 자체가 변하고 있음을 보여주는 장면이다. 이 같은 중국 외식 브랜드의 한국 진출 현상은 어떤 배경에서 비롯된 것일까?

먼저 **▲중국 내 외식 산업의 과포화와 성장 둔화**가 중요한 배경이다. 중국 요식업 매출은 여전히 세계 최대 규모지만, 최근 들어 경기 침체로 인한 폐업률이 급격히 증가하면서 내수시장만으로는 성장의 한계에 부딪히고 있다. 경쟁에서 살아남은 소수의 강력한 브랜드들이 자연스럽게 해외로 눈을 돌릴 수밖에 없는 구조다. 다음으로 한국은 **▲지리적 인접성과 문화적 접점**을 가진 전략적 시장이다. 문화 교류가 활발하고 해외여행 경험이 익숙한 MZ세대는 훠궈, 마라탕, 밀크티 같은 현지 메뉴에 친숙하다. 더불어 한국 거주 중국인이 100만 명에 달하고 매년 수백만 명의 중국 관광객이 한국을 찾는다. 이들은 중국 브랜드가 해외에서 안착할 수 있는 가장 확실한 초기 수요층이 된다. 마지막으로 한국은 **▲글로벌 진출을 위한 테스트 베드**로서의 상징성이 크다. 특히 한국의 식품 안전 기준은 세계적으로도 까다롭다고 평가받는다. 따라서 한국 시장에 안착한 브랜드는 그 자체로 동남아, 미국, 유럽 진출 시 신뢰도를 확보할 수 있다. K-푸드와 K-컬처의 국제적 영향력 역시, 중국 브랜드 입장에서는 한국 시장을 성공적으로 통과했을 때 글로벌 확산에 유리한 이미지를 덧씌워주는 자산이 된다.

대륙의 맛과 자본, 한국 외식업계를 흔들다

훠궈 전문점 '하이디라오'는 단연 상징적인 사례다. 2014년 국내 법인을 설립한 이후 불과 10개 매장으로 연 매출 700억 원 이상을 올리며 한국 시장에 훠궈 문화를 정착시켰다. 긴 대기 줄, 셀프 소스 바, 정교한 서비스 매뉴얼은 소비자에게 낯선 경험을 제공하는 동시에 브랜드 충성도를 높였다. '용가훠궈'나 중국식 생선 요리 전문점 '반티엔야오 카오위' 같은 중식 전문점 역시 한국 소비자에게 기존에 없던 맛과 문화를 제시하며 빠르게 자리 잡고 있다.

국내 지점을 빠르게 늘리고 있는 반티엔야오 카오위와 차백도

밀크티와 차 브랜드 음료 업종에서도 중국 브랜드의 공세가 거세다. '헤이티'는 전 세계에서 4000개 이상의 매장을 운영하는 밀크티 브랜드로 한국 시장에서

도 직영점을 중심으로 확장 중이며, 최근 정보 공개서를 등록해 가맹 사업 진출을 예고하고 있다. 중국 본토를 비롯해 전 세계에 매장이 9000개가 넘는 중국 밀크티 브랜드 '차백도' 역시 '말리라떼(말차라테)'로 유명세를 얻었는데, 한국 매장은 2025년 9월 기준 18개로 가맹점 비중이 높다. '미쉐빙청(蜜雪冰城)', 줄여서 '미쉐'라 불리는 브랜드는 저가 전략으로 세계 최대 규모의 가맹망을 확보했다. 여기에 '패왕차희'까지 한국 진출을 공식화하면서, 한국 밀크티 시장은 곧 중국 주요 밀크티 브랜드가 모두 포진하는 경쟁 구도가 펼쳐질 전망이다.

중국 외식 브랜드들이 보여주는 특징 중 하나는 '프랜차이즈 운영 방식의 차별성'이다. 한국은 본사와 가맹점 관계가 뚜렷한 프랜차이즈 구조가 일반적이지만, 중국은 직영 체인과 특허 체인, 자유 체인을 혼합한 형태를 발전시켜왔다. 특히 최근에는 '구성원 지분 투자형 직영 체인' 모델이 확산되고 있다. 하이디라오나 용가훠궈의 사례처럼 본사와 점장, 직원들이 함께 지분을 투자하고 수익을 나누는 구조는, 장기적 파트너십을 통해 지속적 성장 동력을 확보한다. 이는 단순히 본사와 가맹점 간의 이해관계가 아니라, 모두의 이익을 목표로 한 동반 성장이라는 점에서 한국 프랜차이즈 업계와 큰 차이를 보인다.

이와 같은 중국 브랜드의 한국 진출은 외식업종에서의 경쟁을 넘어 한국 외식업계 전반에 중요한 메시지를 던진다. 첫째, 운영 시스템의 표준화와 디테일은 이제 글로벌 경쟁에서 필수적이다. 한국 브랜드가 해외로 나아가려면 메뉴 개발뿐만 아니라 운영 매뉴얼, 서비스 경험, 매장 디자인까지 체계적으로 준비해야 함을 중국 사례가 보여준다. 둘째, 규모와 자본력의 차이는 현실적 위협이 된다. 하이디라오, 헤이티 같은 기업들은 수천 개 직영점의 운영 경험과 막대한 자본을 바탕으로 단기간에 시장을 잠식할 수 있다. 국내 외식업체가 개별적으로 대응하기는 어려운 구조다. 셋째, 소비자 선택권 확대라는 긍정적 측면도 있다. 글로벌 브랜드와의 경쟁은 소비자에게 더 다양한 외식 경험을 제공하고, 가격 및 품질 경쟁을 촉진한다. 다만 그 과정에서 영세 자영업자와 국내 프랜차이즈가 설 자리를 잃지 않도록 제도적 균형이 필요하다. 향후 중국 외식 브랜드의 한국 진출은 더욱 가속화될 가능성이 높다. 특히 훠궈와 밀크티를 넘어 다른 업종으로 확산될 경우, 국내 외식업계는 보다 치열한 경쟁 국면에 들어서게 될 것이다. 동시에 이는 한국 외식 브랜드가 해외 진출 전략을 설계하는 데 중요한 참고 사례가 될 수 있다.

3. 일본 여행 필수 코스, 한국에서 떠나다

여의도 더현대서울에서 열린 돈키호테 팝업 스토어 (사진_GS리테일)

팬데믹 이후 재개된 한일 왕복 여행과 SNS 확산이 결합하면서, '여행지의 전유물'이던 일본 F&B와 리테일이 정식 수입, 직접 출점, 팝업이라는 세 가지 경로로 한국 일상에 스며들고 있다. 대표적인 사례가 바로 더현대서울에서 열린 '돈키호테' 팝업 스토어다. 일본 여행의 필수 코스로 꼽히던 할인 잡화점 돈키호테가 한국에서도 동일한 브랜드 경험을 구현한 것이다. 하루 평균 600팀, 1500여 명이 다녀갔으며 매일 오후 2시 전후에 대기 줄이 조기 마감됐다. 가격 대비 높은 품질을 인정받은 브랜드에 대한 신뢰도와 매장에 발을 내딛는 순간 일본에 온 듯한 느낌을 주는 데 집중한 전략이 만족도를 끌어올렸다. 이 팝업 스토어는 일본 현지에서 줄 서서 쇼핑하던 경험을 그대로 가져온 성공적 시도로 평가받으며 열광적인 반응을 이끌어냈고, 브랜드의 확산력을 상징적으로 보여주었다.

대한무역투자진흥공사(KOTRA)에 따르면 최근 일본 외식업체들이 북미와 아시아를 중심으로 해외시장을 넓혀가고 있는 것으로 나타났다. 일본 내수시장과 달리 해외에서는 가격을 조정하기가 비교적 수월하고, 전 세계적으로 일본 음식에 대한 꾸준한 수요가 이어지고 있다는 점이 주요 요인으로 평가된다. 일본 브랜드들이 한국에 눈을 돌리는 배경에는 이외에도 몇 가지 구조적 요인이 있다. 먼저 한국 소비자의 빠른 트렌드 수용성이다. 신제품에 대한 호기심과 SNS를 통한 확산 속도가 빨라, 짧은 기간 안에 브랜드 인지도를 검증할 수 있다. 또한 일본은 같은 동양권 국가인 만큼 음식에 대한 거부감이 적고, 라멘·스시·우동처럼 한국인에게 익숙한 대중적 메뉴가 많아 충분한 수요가 뒷받침되고 있다는 점도 주효하다.

도넛부터 주점까지, 일본 브랜드 상륙 러시

후쿠오카의 베이커리 '아맘다코탄'을 운영하는 히라코 료타 셰프가 만든 '아임도넛?(I'm donut?)'은 2025년 6월 서울 성동구 성수동에 1호점을 열자마자 오픈런을 기록했다. 부드럽고 촉촉한 '후와도넛'과 다양한 크림 필링은 SNS를 통해 빠르게 확산됐다. 일본 후쿠오카 텐진 지하상가에 본점을 둔 고구마 스낵 전문 브랜드 '이모야킨지로(芋屋金次郎)'도 국내에 상륙해 좋은 반응을 얻었다. 정통 일식 브랜드도 속속 국내시장에 진출하고 있다. 삼천리 그룹에서 '도쿄 3대 스시' 중 하나로 꼽히는 '이타마에스시(Itamae Sushi)'를 국내 론칭해 빠르게 지점을 확장하고 있으며, 한국인이 즐겨 찾는 가성비 일본 회전 초밥 프랜차이즈 '오노데라'도 한국에 입성했다. 롯데백화점 본점에 한국 지점을 연 후 2025년 6월 잠실 롯데월드몰점까지 오픈하며 확장한 일본식 돈카츠 전문 브랜드 '분지로'는 두꺼운 고기와 바삭한 튀김옷의 정석을 내세워 존재감을 키우고 있다.

일본 도넛 브랜드 아임도넛 성수점(사진_아임도넛)

일본의 면 요리와 이자카야 브랜드도 한국 시장을 공략하고 있다. 대표적인 게 '마루가메제면(丸亀製麵)'으로 2021년 '노 재팬' 및 팬데믹 여파로 국내시장에서 철수했으나 2025년 재진출했다. 일본 라멘 전문점 '더 라멘 워(The Ramen War)'도 더현대서울에 국내 첫 해외 매장을 오픈하며 확장 중이다. 더 라멘 워는 오사카 현

지인들이 줄 서서 먹는 식당으로 유명하다. 신세계 강남점에서는 식품관 리뉴얼을 통해 일본의 오니기리 전문점 '교토 오니마루'를 론칭했다. 주류 분야에도 일본식 콘셉트가 상륙하고 있다. '삿포로 프리미엄 비어 스탠드(Sapporo Premium Beer Stand)'는 해외 1호점을 서울 성수동에 열면서 잔, 거품, 온도까지 관리되는 매뉴얼과 '다치노미(立ち飲み: 스탠딩 펍)' 스타일을 그대로 구현했다. 홍대 인근에 1호점을 연 일본 야키토리 체인 '토리키조쿠(Torikizoku)'는 20~30대의 이자카야 수요를 적극적으로 끌어들이고 있다.

일본 외식·리테일 브랜드의 한국 진출은 앞으로 더욱 다변화될 것이다. 팝업 스토어를 통한 소비자 검증, SNS를 통한 입소문 확산, 프리미엄 주류·디저트·간식 카테고리의 확대는 계속 이어질 전망이다. 한국 외식업계 입장에서는 일본식 운영 디테일과 매뉴얼화된 경험 제공 방식을 벤치마킹할 필요가 있다. 동시에 대규모 자본력을 앞세운 일본 브랜드가 장기적으로 한국 시장에 뿌리내릴 경우, 영세 브랜드와의 경쟁 구도가 심화될 수 있음을 경계해야 한다. 그럼에도 소비자 선택권 확대와 글로벌 브랜드 경험의 다양화라는 긍정적 측면 역시 무시할 수 없다. 결국 중요한 것은 국내 브랜드가 차별화된 가치와 지역성을 어떻게 잘 담아낼 수 있는가에 달려 있다.

4. 거리의 맛이 미식으로…글로벌 스트리트 푸드

최근 국내 외식 신에서 주목할 만한 흐름은 글로벌 스트리트 푸드의 미식화다. 디지털 미디어 확산력과 경험 중심 소비로 인해 짧은 동영상과 사진을 통해 즉시 공유되는 푸드 콘텐츠는 '보기 좋은 음식'에서 '찾아가고 싶은 음식'으로 이어지고 있으며 여기에 고급화된 레시피와 스토리텔링이 더해져 MZ세대의 '경험 소비'를 자극한다. 또한 여행의 일상화로 인해 일본, 동남아, 중남미 등의 색다른 향신료와 식재료에 '열린 입맛'을 갖게 된 데다 여행하며 비교적 쉽게 접할 수 있는 각 나라의 스트리트 푸드가 현지에서의 즐거운 경험을 대리 만족시켜주는 역할을 한다. 과거에는 국내 소비자 입맛에 맞춰 현지화하는 것이 추세였지만 최근 인기를 얻고 있는 이국의 음식들은 현지의 맛에 얼마나 가깝게 구현했느냐가 기준점이 되며 단순 재현을 넘어 정교한 조리법, 독창적인 비주얼, 셰프만의 서사를 살린 세련된 연출로 미식적 요소를 강화하고 있다. 글로벌 스트리트 푸드의 미식화는 국내 식문화를 한층 다채롭게 만들고 있으며, 지금은 아직 발굴되지 않은 넥스트 스트리트 푸드를 찾아 나설 적기다.

멕시코의 소울, 타코

요즘 중남미의 햇살처럼 뜨겁게 뜨고 있는 메뉴가 멕시코의 스트리트 푸드인 '타코'다. 타코는 기존에도 국내 외식 시장에서 꽤 보편화된 음식이었지만 보다 현지식에 가까운 레시피를 선보이는 공간은 물론 멕시코의 각 지역별 특색을 살린 타코, 미국 뉴욕식 타코, 파인다이닝 타코 등 선택지가 다양해졌다. 본토에 가까운 이국의 맛을 경험하려면 이태원을 가야 했던 시절과 달리 넓은 범주로 확장됐다는 점도 특징이다.

구칠즈그릴은 좋아하는 과자를 가져오면 들고 다니며 먹을 수 있는 워킹타코로 만들어준다.

국내 타코 열풍을 대표하는 곳으로는 먼저 서울 중구 을지로의 '올디스타코'를 꼽을 수 있다. 이곳은 합리적인 가격과 스트리트 감성을 살린 매장 운영으로 '힙지로 타코'라는 별칭을 얻었으며, 브리스킷타코와 비리아타코, 나초 과자에 타코 재료를 넣은 메가밤 등이 시그니처 메뉴다. 정통 멕시코 길거리 분위기를 강조한 서울 중구 신당동의 '라까예' 역시 주목받는다. 블루콘 트르티야를 직접 구워 사용하고 알파스톨이나 소곱창 타코 같은 현지식 메뉴를 그대로 선보여 외국인 손님들에게도 호평을 얻고 있다. 서울 동대문구 회기동의 '구칠즈그릴'은 푸드 트럭 콘셉트로 운영되는데 다양한 타코를 비롯해 손님이 직접 가져온 과자를 베이스로 삼아 각종 재료를 얹어주는 독창적인 방식의 '워킹타코'로 입소문을 탔다. 서울 용산구 한남동의 '타크(TAC)'는 뉴욕식 타코를 표방하며, 재료 본연의 맛을 살린 간결한 조리법과 세련된 인테리어로 '도시적 미식 타코'의 면모를 보여준다.
타코의 본토 감성을 충실히 살려 인기를 얻는 곳도 있다. 대표적인 곳이 서울 광진구 아차산동의 '멕시칼리'다. 멕시코 현지에서 직접 요리를 배워온 주인이 운영하는 이곳은 모든 소스를 직접 만들어내며, 피시타코와 컴비네이션 세트가 대표 메뉴다. 마지막으로 서울 용산구 한남동의 '에스콘디도'는 아시아 최초로 미쉐린 스타를 받은 멕시칸 파인다이닝 레스토랑으로, 한우타코와 도미튀김타코, 우니인플라다 같은 고급 요리를 코스로 제공하며 타코의 격을 한층 높였다. 타코의 인기와 더불어 치미창가, 엠파나다 등 토핑이나 소 재료에 따라 여러 변주를 줄 수 있으면서도 비교적 덜 알려진 남미 스트리트 푸드 역시 향후에는 주목받을 잠재력 있는 아이템으로 꼽힌다.

작은 빵 사이에 담긴 행복, 바오

대만식 '바오(刈包, Gua Bao)'는 부드럽게 쪄낸 흰 번에 간장에 졸인 돼지고기, 고수, 땅콩 가루 등을 넣어 즐기는 대만의 대표적인 길거리 음식이다. '대만식 햄버거'라 불릴 만큼 간편하면서도 포만감 있고, 이국적인 비주얼과 쫀득한 식감이 매력적이다. 한국에서는 이러한 특징이 SNS 트렌드와 맞물리며 빠르게 주목받았다. 특히 한 손에 쥐고 먹을 수 있는 간편함, 낯설면서도 친근한 맛, 그리고 현지 여행을 떠올리게 하는 문화적 매력이 더해져 대만식 바오는 '작은 대만 여행'을 경험하는 수단으로 자리 잡고 있다.
이러한 흐름은 국내에서도 여러 전문 매장의 등장을 이끌었다. 그중 서울 성동구 성수동의 '바오서울'은 대만 야시장 감성을 고스란히 옮겨온 대표적인 곳이다. 동파육을 넣은 클래식 바오부터 지파이치킨 바오버거, 우육면, 볶음면 등 다양한 메뉴를 통해 현지의 맛과 분위기를 동시에 재현한다. 촉촉하고 신선한 바오의 풍미에 더해 감각적인 인테리어와 야시장 콘셉트가 SNS에서 큰 화제를 모으며, 젊은 세대가 즐겨 찾는 대만식 스트리트 푸드 명소로 자리 잡았다. 부산 전포동의 '바오하우스'는 소규모 감성 공간에서 대만식 바오와 요리를 선보이는 곳으로 <미쉐린 가이드> 빕그루망에 등재되며 미식적 가치를 인정받았다. 클래식 바오 외에도 마파두부볶음밥, 토마토달걀볶음, 우육면 등 대만 가정식에 가까운 메뉴를 함께 제공하는데, 바오의 미식 경험을 더욱 다채롭게 확장하며 새로운 조합에 대한 호기심과 만족감을 동시에 자극해 로컬 소비자들의 꾸준한 지지를 얻고 있다.

농밀한 크림의 매력, 카이막

튀르키예를 비롯한 발칸 지역에서 아침 식탁의 상징처럼 여겨지는 '카이막(Kaymak)'은 전통적인 유제품으로 고지방 우유나 물소 젖을 천천히 끓여 만든 두툼하고 크리미한 크림치즈에 가까운 발효식품이다. 서양의 휘핑크림이나 클로티드 크림과 비슷하지만 더욱 진하고 농밀한 풍미를 지녔다. 갓 구운 시미트(튀르키예 베이글)나 빵에 꿀과 함께 곁들여 먹는 방식이 대표적이며, 그 자체로도 한 입의 호사를 느끼게 하는 고급스러운 길거리 간식이다. 최근 국내에서도 카이막은 새로운 미식 아이템으로 자리매김하고 있다. 카이막+꿀+빵의 조합은 여행자들 사이에서 반드시 먹어야 할 음식으로 꼽히며 각종 매체에서 바이럴되면서 국내 소비자들의 흥미를 유발했다.

이런 분위기 속에서 여러 디저트 카페와 레스토랑에서 하나둘씩 카이막을 메뉴에 접목해 판매하기 시작했다. 보통 바삭한 페이스트리나 크루아상, 와플과 함께 제공하며 현지 스타일을 한국식 카페 문화와 접목해 변주하고 있다. 제주의 '시소카이막'처럼 카이막 단일 메뉴 전문점도 생겼다. 전문 생산업체도 늘어나고 있다. 주로 낙농가에서 직접 생산하거나 협업해 국내산 원유 100% 카이막 개발에 성공하기도 했다. 물론 국내에서 만드는 카이막은 주재료가 물소 젖이 아닌 젖소 원유이기에 대부분 원조와는 다소 차이가 있다. 충남 홍성 ㈜예스팜의 '매일아침 카이막'은 인근 목장에서 갓 짜내 공급하는 원유로 만든 100% 원유 카이막이다. 소량 생산하는 만큼 온라인 구매 경쟁이 치열하다. 제주의 동물 복지 농장인 '아침미소목장'에서도 자체 원유를 사용한 카이막을 생산하고 있으며, 경기 여주의 '까망목장'은 국내산 원유 100% 카이막을 만드는 것뿐만 아니라 향후 물소 젖 카이막을 만들기 위해 물소도 사육하고 있다. ●

카이막 전문점 제주 시소카이막
(사진_시소카이막 애월점)

고수의 식당, 외식업 고수들은 왜 불경기에 확장을 할까?

불황일수록 소비자는 '실패하지 않는' 선택을 원한다. 새로운 브랜드에 도전하기보다는 이미 검증된 이름을 찾는다. 공급자 입장에서 봐도 이런 곳은 운영 능력의 차이가 크다. 소규모 개인 창업자는 불황의 파고를 넘기 어렵지만 이미 한 차례 이상 성공한 외식 법인과 셰프들은 안정된 매출과 투자 기반을 활용해 새로운 포맷을 실험할 수 있기 때문이다. 이러한 추세에 따라 최근 적은 점포 수를 기반으로 안정적 운영체제를 구축한 후 브랜드의 차별점과 희소성을 유지하며 성장하고 있는 중소 외식 기업들의 약진이 두드러지고 있다. 여기에 불경기일수록 확장에 나서는 이른바 '고수(高手)' 브랜드들의 전략적 행보가 더해지면서, 시장은 빠르게 양극화되고 있다. 파편화된 취향과 세분화된 소비 트렌드를 정확히 읽어내는 브랜드만이 틈새 수요를 선점하고 불황 속에서도 존재감을 키우는 구조가 굳어지고 있는 것이다.

외식 브랜드 확장의 첫 번째 방식은 장르 다각화다. 고깃집에서 출발해 한식당, 주점, 디저트 브랜드까지 확장하는 흐름으로 최근에는 프리미엄 브랜드나 시그니처 매장을 가진 외식 브랜드가 대중적인 아이템을 선택해 확장하려는 추세가 강하다. 이처럼 고수들은 본업의 노하우를 새로운 장르에 이식하며 보다 안정된 출발선을 확보한다. 용리단길의 핫 플레이스 메이커 '티티티(TTT)'를 운영하는 남준영 셰프는 베트남, 홍콩 등의 '아시안 다이닝'을 정체성으로 '효뜨', '꺼거', '남박' 같은 레스토랑을 다채롭게 확장했고, 서서 먹는 일식 주점 '키보'를 선보였다. 이후 '키보 아츠아츠', '키보 재즈킷사', '키보 락앤롤', '키보 에다마메' 등으로 확장하며 아시안 DNA 아래 각 매장별로 상권에 따라 다른 콘셉트를 포지셔닝했다. 우대갈비를 유행시킨 서울 삼각지 '몽탄'의 운영진이 만든 '초원'과 '두툼'도 좋은 사례다. 불 향 입은 두툼한 고기를 내세운 시그니처 DNA를 유지하면서도 공간과 포맷을 달리해 새로운 고객층을 끌어들였다.

두 번째는 브랜드 레벨 세분화다. 같은 콘셉트를 프리미엄, 캐주얼, 테이크아웃 등 다양한 레벨로 나눠 파이를 넓히는 방식이다. 한우 오마카세 '우모크'와 돼지고기 전문점 '고깃집열', 그리고 고기 전문점이지만 밥에 차별화를 둔 '도정육관'은 한우와 육류라는 공통분모 안에서 레벨별로 포지셔닝을 만들어냈다. 소비자는 상황에 따라 같은 DNA의 브랜드를 선택하며, 하나의 고객군 안에서 교차 소비가 자연스럽게 발생한다. 서울 종로구 익선동 한옥마을의 부흥을 이끈 공간 기획 전문 기업 글로우 서울은 '인스타그래머블'한 카페 브랜딩 공식을 만들어내며 그동안 '청수당', '소하염전' 등 가격대가 다소 높은 공간 경험 중심의 카페를 잇따라 선보여왔다. 하지만 경험에서 실용으로 흘러가는 시대의 변화에 발맞춰 중저가 브랜드 '스탠다드브레드'에 이어, 최근 'ETF베이커리' 같은 '초가성비' 중심의 브랜드까지 선보이며 브랜드 레벨을 세분화하고 있다.

세 번째는 브랜딩의 연쇄 효과를 활용하는 것이다. 이미 확보한 팬덤과 충성 고객층을 기반으로 신규 브랜드가 빠르게 시장에 안착한다는 점에서 효과적이라 할 수 있다. 대표적인 사례가 '산청숯불가든'의 '달맞이광장바베큐'다. 이 브랜드는 이미 육류 분야에서 성공 경험을 쌓은 세광그린푸드와 브랜딩 전문가 바비정의 협업으로 탄생했다. 이들은 '석암생소금구이'를 통해 가맹 확장형 브랜드 전략을 펼쳤고, 그 연장선상에서 브랜드 콘셉트와 맞아떨어지는 달맞이광장바베큐를 을지로에서 선보였다. 달맞이광장바베큐는 단순히 메뉴나 가격 경쟁력이 아닌 브랜딩과 공간 기획의 힘으로 시장에 강한 존재감을 드러냈다. 육류라는 안정적인 카테고리에 감각적인 브랜딩 언어와 공간 경험을 덧입힘으로써 젊은 세대와 외식 트렌드에 민감한 소비자를 효과적으로 끌어들인 것이다.

네 번째는 글로벌 확장이다. 이미 국내에서 확고한 성공을 거둔 고수 브랜드들이 해외시장으로 눈을 돌리며, 브랜드 자산을 세계화하는 흐름이다. 대표적인 예가 '금돼지식당'이다. 금돼지식당은 돼지고기를 중심으로 한 고깃집으로 365일 웨이팅을 감수해야 하는 곳으로 유명하다. K-외식의 해외 진출이 활발해지며 최근 대만을 시작으로 중화권 시장 진출에 시동을 걸고 있다.

서문(만남의 광장)

캔슬 컬처(Cancel Culture)

CHAPTER 04.

ZERO
WASTE
PAPER
RESTAURANT
CANCEL
CULTURE

최근 외식업계는 맛과 가격 경쟁을 넘어 평판과 사회적 책임이 성패를 가르는 시대에 들어섰다. 그 중심에는 이른바 소비자의 새로운 권력, '캔슬 컬처(Cancel Culture)'가 있다. 캔슬 컬처는 유명인이나 기업이 사회적으로 논란이 되는 발언이나 행동을 했을 때, 대중이 SNS와 온라인 커뮤니티를 통해 지지 철회, 불매운동, 사회적 퇴출 요구로 대응하는 현상을 의미한다. 영어권에서는 "Someone got canceled"라는 표현으로 쓰이며, 한국에서는 "나락 간다", "사회적 매장" 등의 표현으로 번역돼 대중문화 속에서 빠르게 확산됐다.

캔슬 컬처의 등장은 디지털 미디어 환경과 깊이 맞물려 있다. 짧은 영상과 이미지가 즉각적으로 확산되며 여론을 형성하고, 개인의 감정 표현은 곧바로 행동으로 이어진다. 과거에는 불매운동이 특정 집단이나 조직의 주도로 이뤄졌다면, 오늘날에는 일반 소비자 개개인이 SNS에서 참여하는 것만으로도 순식간에 파급력이 생긴다. 이처럼 참여의 문턱이 낮고 확산 속도가 빠른 구조는 캔슬 컬처를 하나의 사회·문화적 트렌드로 자리매김하게 했다. 긍정적인 측면에서 캔슬 컬처는 권력자나 유명인도 사회적 책임에서 자유롭지 않다는 인식을 강화하고, 피해자의 목소리를 공론화하는 데 기여한다. 하지만 동시에 오래된 발언이나 사소한 실수까지 끄집어내 집단적 낙인을 찍는 경우가 많아 과잉 처벌 논란을 낳기도 한다. 이로 인해 표현의 자유 위축, 사회적 갈등의 심화라는 부작용도 뒤따른다.

정의감과 공정성을 중시하는 MZ세대는 자신의 소비를 사회적 책임과 직결된 행위로 인식하기 때문에, 가격 대비 만족도가 낮거나 신뢰가 흔들리는 순간 강한 반발로 이어진다. 불황기일수록 가성비와 투명성을 중시하는 경향이 강해지면서, 외식업계는 그 어느 때보다 소비자의 눈높이에 민감하게 반응해야 하는 상황에 놓였다. 특히 식품과 외식 산업은 캔슬 컬처의 직격탄을 받는 분야로 꼽힌다. 원재료와 위생, 노동환경처럼 소비자가 민감하게 받아들이는 이슈가 곧바로 브랜드 신뢰와 매출에 직결되기 때문이다. 동시에 글로벌 스트리트 푸드의 고급화, K-푸드의 해외 확산 등 음식이 문화·정치적 담론과 맞닿으며 캔슬 리스크는 갈수록 확대되고 있다. 결국 외식업계는 한 끼를 제공하는 수준을 넘어 투명성과 책임성, 그리고 소비자의 가치관에 부합함을 증명해야 하는 시대적 요구에 직면해 있다.

1. 외식업계 사건으로 본 캔슬 컬처

① 더본코리아, 신뢰의 시험대에 서다

더본코리아 백종원 대표는 한국에서 영향력 있는 요리연구가이자 외식 사업가다. <골목식당>, <집밥 백선생> 등 대중적 인기를 끈 방송 프로그램을 통해 그는 친근하면서도 실용적인 요리 전문가의 이미지로 자리매김했다. 동시에 그가 이끄는 더본코리아는 ‘빽다방’, ‘새마을식당’, ‘한신포차’ 등 많은 외식 브랜드를 운영하는 거대 프랜차이즈 기업으로 성장했다. 셰프의 전문성과 방송인의 친근함, 그리고 사업가의 확장 전략이 어우러지며 백종원 개인의 브랜드와 더본코리아의 기업 이미지는 오랫동안 ‘성공 신화’로 통했다. 그러나 대중적 인지도는 성장의 촉매제가 되기도 하지만 기대와 검증의 잣대 역시 엄격해지는 양면의 칼날이다.

최근 SNS를 통해 소비자 여론이 실시간으로 형성되고 확산되면서 백종원과 더본코리아의 행보 역시 작은 논란에도 크게 흔들릴 수밖에 없는 구조에 놓여 있었다. 이런 상황에서 등장한 것이 ‘빽햄 사태’였다. 더본코리아에서 출시한 프레스 햄 ‘빽햄’의 단순한 가격 논란에서 시작된 부정적 여론이 프랜차이즈 전반의 신뢰 위기로 번졌다. 설 명절을 앞두고 백종원 대표가 자신의 유튜브 채널에서 ‘빽햄 세트’를 할인 판매한다고 홍보했는데, 할인 가격이 기존 경쟁 제품보다도 오히려 높다는 비판이 쏟아졌다. 더구나 빽햄은 다른 프레스 햄보다도 돼지고기 함량이 낮으면서 가격은 더 비싼 제품이라는 지적이 이어지며 불매운동으로 확산됐다. 해명 영상을 공개했지만 논란은 쉽게 가라앉지 않았고, 백종원의 프랜차이즈 운영 방식 전반에 대한 비판으로 이어졌다. 또한 무리한 상장 추진이 기업에 ‘독’이 됐다는 분석도 잇따르면서 외

더본코리아는 각종 논란으로 인해 가맹점주들이 곤란을 겪자 본사 차원에서 할인전에 나섰다.(사진_더본코리아)

식 기업의 상장 리스크를 적나라하게 보여주었다. 더본코리아의 코스피 상장은 화제성과 브랜드 인지도를 앞세워 큰 주목을 받았지만, 곧바로 주가 하락과 고평가 논란에 직면했다. 일부에서는 셀럽 이미지에 의존한 무리한 확장 전략이 상장의 한계로 드러났다는 지적이 나왔다.

이러한 비판은 기업 구조와 경영 방식 전반에 대한 신뢰 문제로 이어지며 여러 사건이 봇물 터지듯 잇따랐다. 대표적으로 '연돈볼카츠' 사건이 있다. 백종원 대표가 출연한 방송으로 큰 인기를 얻은 제주 돈가스집 '연돈'의 이름을 내세워 '연돈볼카츠' 브랜드를 출범하고 가맹 사업을 시작했으나 이 과정에서 일부 가맹점주들이 피해를 주장하며 논란이 불거졌다. 점주들은 더본코리아가 백 대표의 인지도를 앞세워 충분한 검증 없이 브랜드를 론칭했고, 가맹점 모집 당시 허위·과장된 예상 매출 정보를 제공했다고 문제를 제기하며 본사와 갈등을 빚었다. 이에 본사는 해당 브랜드를 리브랜딩해 새 브랜드로의 전환을 지원하는 방향을 제시하기도 했다. 그밖에도 위생 관리 과정에서 사용된 농약 분무기와 관련해 "식약처의 안전 검사표를 받았다"는 회사 측 설명이 식약처의 공식 입장과 달라 신뢰성에 큰 타격을 입었고, 덮죽 제품과 빽다방 제품 원산지 표기 문제까지 터지면서 더본코리아는 식품표시광고법 위반 혐의로 경찰 수사를 받기까지 했다. 백종원 대표는 사과와 함께 사재 출원 및 경영 쇄신을 약속했으나 여론은 여전히 비판과 우려가 교차하고 있으며, 기업 이미지와 개인 브랜드 파워가 모두 실추된 상황에 놓여 있다.

한편 캔슬 컬처와 함께 등장한 반대 현상으로 '돈쭐 컬처'가 있다. 이는 잘못된 기업을 '캔슬'하는 것과 반대로, 선행을 베풀거나 청결과 신뢰를 지켜낸 가게를 소비로서 응원하고 보상하는 문화다. 실제로 힘든 이웃에게 무료 식사를 제공한 식당이 SNS에 알려져 줄 서는 맛집이 되거나, 위생과 품질관리에 철저한 매장이 '믿고 찾는 가게'로 자리매김한 사례들이 등장하고 있다. 이러한 흐름은 소비자가 단순히 감시자에 머무르는 것이 아니라 긍정적 가치 소비를 통해 외식업계의 건강한 생태계를 만들어가는 적극적 주체로 변화하고 있음을 보여준다. 앞으로 외식 브랜드들은 '캔슬'의 대상이 될지, '돈쭐'의 주인공이 될지를 결정짓는 갈림길에서 한층 더 분명한 선택을 요구받게 될 것이다.

② 여수 식당 혼밥 홀대 사건

전남 여수의 한 식당에서 혼자 식사하던 손님이 직원으로부터 "빨리 먹고 나가라", "우리 집은 혼자 오는 데가 아니다"라는 말을 듣는 장면이 한 유튜브 영상을 통해 공개되면서 논란이 시작됐다. 해당 영상은 빠르게 온라인 커뮤니티와 SNS로 확산됐고, 관광객이 많이 찾는 지역 식당의 불친절한 응대가 여수 전체의 이미지에 부정적으로 작용했다. 외지인 관광객뿐 아니라 여수를 찾는 1인 가구, '혼행'객들이 불편을 겪을 수 있다는 인식이 퍼지며 여론은 더욱 악화됐다. 결국 식당 측은 자필 사과문을 게재했지만 비난은 쉽게 가라앉지 않았다. 여수시는 1인 관광객도 편안하게 지역 음식을 즐길 수 있는 환경을 조성하겠다는 방침을 세우며 1인분 메뉴를 제공하는 업소를 발굴해 '혼밥 식당'으로 지정하고 공식 홍보 채널을 통해 안내하는 제도를 도입했다. 이처럼 지역 이미지 회복을 위해 여수시가 직접 대응에 나섰지만 분위기 반전이 쉽지 않은 상황이다.

여수 식당 불친절 논란 유튜버 A씨(사진_A씨 유튜브 캡처)

③ 속초 오징어 난전 불친절 논란

강원도 속초의 오징어 난전에서는 종업원이 손님에게 "안에서 먹어라", "빨리 잡숴라" 등 거친 말투를 사용하는 모습이 유튜브 영상에 담겨 퍼지면서 파문이 일었다. 문제는 단순히 말투가 불친절한 수준을 넘어, 손님에게 더 비싼

한 시민이 속초 오징어 난전에서 5만6000원에 구매한 오징어(사진_속초시청)

메뉴를 강요하거나 주문을 돌려보내는 장면까지 공개된 것이다. 해당 영상은 많은 시청자의 공분을 샀고, 속초의 대표 먹거리인 오징어 난전에 대한 신뢰도에 큰 타격을 주었다. 논란이 확산되자 속초시는 공식적으로 사과 입장을 발표하고, 난전 상인들을 대상으로 긴급히 친절 교육을 실시했다. 수협 또한 해당 업소에 주의를 당부하며 개선을 약속했지만, 이미 속초 지역 전통 먹거리에 대한 소비자들의 불신은 크게 번진 상황이었다.

④ 광장시장 순대 바꿔치기 꼼수

서울 종로구 광장시장에서는 한 상인이 손님이 주문한 8000원짜리 찹쌀순대 대신 충분한 설명 없이 1만 원짜리 모둠순대를 제공하고 결제를 강요하는 모습이 유튜브를 통해 공개되며 큰 논란이 일었다. 외국인 관광객도 같은 수법으로 피해를 본 사례가 많다는 게 알려지면서 '메뉴 바꿔치기'가 광장시장의 상습적인 바가지 수법이라는 비난이 쇄도했다. 또한 이 사건 이후 언론 보도를 통해 전, 만두, 육회 등 다른 메뉴에서도 유사 사례가 드러나면서 시장 전체가 이미지에 큰 타격을 입었다. 비난 여론이 거세지자 서울시와 종로구는 떡볶이, 순대, 모둠전, 육회 등 주요 품목에 대해 가격 옆에 중량을 함께 표기하는 '정량 표시제'를 도입하기로 했다. 하지만 상인들의 강한 반발로 시행은 지연되고 있으며, 현재는 일부 매장에서만 제한적으로 적용되는 수준에 그치고 있다. 이 때문에 시장 신뢰 회복은 더딘 상황이고 전통 시장이 외국인 관광객을 유치하는 데 걸림돌로 작용할 수 있다는 우려가 커지고 있다.

⑤ 울릉도 비계 삼겹살 '영업 정지'

경북 울릉도에서는 유명 유튜버가 식당에서 주문한 고가의 삼겹살이 절반 이상 비계였다고 폭로하는 영상이 올라오면서 논란이 시작됐다. 곧이어 또 다른 유튜버가 울릉도 여행 중 택시 바가지 요금을 당했다는 영상을 공개해 파장이 더욱 커졌다.

두 영상은 수백만 회의 조회수를 기록하며 전국적인 공분을 불러일으켰고, 관광객 감소세가 이어지던 울릉도의 이미지에 치명타를 입혔다. 여론이 악화되자 울릉군은 즉시 공식 사과문을 발표했으며, 관광 혁신 간담회를 열어 주민, 관광업계, 전문가가 함께 문제를 진단하고 개선책을 모색했다. 또한 군은 관광 종사자 교육을 강화하고 민원 대응 체계를 정비하는 한편, 불법 영업 단속을 확대하는 등 실질적 대책을 추진했다. 영상에 나온 업소는 식품위생법 위반을 이유로 결국 영업 정지 처분을 받았다. 하지만 이미 퍼진 "관광객을 호구로 본다"는 부정적 인식은 쉽게 사라지지 않았고, 관광객 수 회복에는 어려움이 따르고 있다.

울릉도 비계 삼겹살 논란은 울릉도 관광 전체에 피해를 입혔다.(사진_유튜브 채널 '꾸준' 갈무리)

⑥ 부산 자갈치시장 바가지 논란

부산 자갈치시장에서도 바가지 논란이 일었다. 한 횟집에서 손바닥만 한 양의 해삼을 '시가'라는 명목으로 7만 원에 판매한 사실이 폭로된 것. 특히 영수증에는 '해삼' 대신 '회'라고만 표기되어 결제 과정의 불투명성까지 드러났고, 이 사실이 온라인 커뮤니티에 알려지자 "자갈치시장은 원래 바가지로 유명하다"는 부정적 인식이 급속히 퍼졌다. 해당 사건은 단순한 업소 문제를 넘어 자갈치시장 전체의 브랜드 가치를 흔드는 계기가 되었고, 관광객 사이에서는 "부산 음식은 믿고 먹기 어렵다"는 반응까지 나왔다. 지자체와 상인회는 소비자 신뢰 회복을 위한 방안을 논의하며 대응에 나섰지만 이미 자갈치시장은 '바가지 관광지'라는 오명을 얻은 상태였다.

캔슬 컬처, 정의인가 폭력인가?

이와 같은 최근의 사건들은 규모와 성격은 달라도 하나의 공통된 맥락을 드러낸다. 소비자들은 더 이상 불합리하거나 불투명한 관행을 묵과하지 않고, 온라인을 통해 목격한 문제를 빠르게 공유하며 집단적 비판 여론을 형성한다는 것이다. 그 과정에서 브랜드나 업소는 단기간에 신뢰의 추락을 경험하게 되고, 때로는 지역 전체가 부정적 이미지로 낙인찍히기도 한다. 이는 곧 캔슬 컬처의 시대정신과 맞닿아 있다. 대중은 기업이나 인물이 내세운 명분과 실제 행보가 어긋날 때 주저 없이 지지를 철회하고, 불매와 비난으로 책임을 묻는다. 한때는 방송에서 얻은 호감, 지역 특산물이라는 명성, 전통 시장이라는 역사성 등이 브랜드를 지탱하는 힘이었지만, 지금은 그러한 것들이 오히려 더 엄격한 검증의 잣대로 작동한다. 외식업계에 주는 교훈은 분명하다. 단기적인 화제성과 확장 전략만으로는 소비자의 신뢰를 유지하기 어렵다는 것. 원재료와 가격, 서비스와 위생, 가맹 구조와 경영 철학까지 투명성과 진정성을 갖추지 않으면 언제든 캔슬의 대상이 될 수 있다. 결국 오늘날의 외식 산업은 한 끼의 맛을 넘어, 소비자의 가치관과 책임 의식에 부합하는 신뢰의 문화를 경영의 핵심 자산으로 삼아야 하는 시대에 놓여 있다.

그러나 캔슬 컬처 속 집단주의는 긍정적인 경각심을 불러일으키는 동시에 부작용도 내포한다. 사실 확인이 충분히 이뤄지지 않은 상태에서 급격히 확산되는 온라인 여론은 잘못된 정보에 기반한 집단적 공격으로 이어질 수 있으며 과도한 낙인은 회복의 기회를 차단해 기업이나 개인이 개선과 변화를 보여줄 여지를 빼앗는다. 또한 불매운동과 비난이 과열되면 해당 업소뿐 아니라 협력 업체, 지역 상권 전체가 불필요한 피해를 입을 수 있다. 그리고 소비자 스스로도 '비판 피로감'에 빠져 정작 중요한 사회적 문제에는 무뎌지고, 단기적 논란에만 반응하는 현상이 나타날 수 있다. 이러한 사회현상 속에서 외식업계는 고객을 단순히 두려워할 대상이 아니라, 신뢰 구축을 위한 지속적 관리와 위기 대응 역량을 강화하는 계기로 삼아야 할 것이다. 동시에 사회 전반적으로는 자칫 정의를 가장한 폭력이 되지 않도록 '비판'과 '공정한 검증'의 균형을 모색하는 성숙한 소비 문화가 병행될 필요가 있다.

2. 노쇼는 '사기'입니다

- 최근 인천 중구 차이나타운의 한 중식당에 공무원을 사칭한 예약자가 "5만 원짜리 코스 요리 12인분을 준비해달라"며 예약을 했고, 위조 명함까지 제출했으나 끝내 나타나지 않았다. 이로 인해 음식 재료비 등 약 60만 원 상당의 피해가 발생했다. 같은 수법으로 인근 네 곳의 중식당도 피해를 입었다.

- 광주의 한 음식점은 "서울의 연예 기획사 소속 연예인이 32명을 데리고 식사할 예정"이라는 알림을 받고 32인분 음식을 준비했으나, 예약자가 나타나지 않았다. 이로 인해 재료비 80만 원, 매출 손실 200만 원 이상이 발생했다. 광주 외식업체의 60%가 노쇼 또는 예약 사기를 경험했으며, 이 중 20%는 월 2회 이상 피해를 본 것으로 조사됐다.

최근 외식업계에서는 예약 후 나타나지 않는 '노쇼(No-show)' 문제가 큰 사회적 이슈로 부상하고 있다. 2025년 1~7월 동안 전국에서 노쇼 2892건이 발생해 피해액이 414억 원에 달했으나, 수사 성과는 극히 미미해 검거된 사건은 단 22건(0.7%)에 불과했다. 특히 대전, 서울, 부산, 제주 등 일부 지역은 단 한 건의 검거도 이루어지지 않아 사실상 무방비 상태임이 드러났다. 식당은 예약 인원에 맞춰 인력과 재료를 준비하기 때문에 고객이 약속을 지키지 않을 경우 음식과 인건비가 고스란히 손실로 이어진다. 피해 규모가 커지면 단순한 불성실을 넘어 사기에 필적하는 피해를 준다는 의미에서 업계에서는 이를 '노쇼 사기'라고 부른다. 실제로 예약에 맞춰 수십 인분의 음식을 준비했으나 예약자가 나타나지 않아 수백만 원의 손실을 입은 사례가 종종 보도되고 있고, 한 조사에서도 국내 외식업체의 70% 이상이 노쇼 피해를 경험한 것으로 나타났다. 최근에는 허위 신분을 이용해 예약만 걸어놓고 고의적으로 나타나지 않는 악의적 사례까지 발생해 수사기관이 직접 대응에 나서는 상황이다.

이러한 현상은 몇 가지 배경과 맞물려 있다. 먼저, 온라인·전화 예약이 일상화되면서 익명성을 기반으로 한 '가벼운 예약' 문화가 퍼진 것이 원인 중 하나라 할 수 있다. 이로 인해 예약을 하나의 선택권 정도로 여기며 약속을 지키지 않아도 된다는 잘못된 인식이 일부 자리 잡게 됐다. 여기에 경쟁 업소를 방해하려는 의도적 노쇼, 특정 업소에 불만을 품은 고객의 보복성 행동까지 겹치며 문제가 심화되고 있다. 또한 경기 불황 속에서 외식업체들이 예약금 제도를 꺼리는 구조적 취약성도 악용되고 있다. 결국 노쇼 사기는 외식업체 개별 매출 손실에 그치지 않고, 업계 전반의 신뢰를 훼손하는 구조적 리스크로 번지고 있다. 식당이 자체적으로 블랙 리스트 손님을 캔슬하는 것으로는 부족하다. 이를 막기 위해서는 예약금 의무화, 예약 플랫폼과의 제재 연계, 신분 인증 강화 등 업계 차원의 자구책이 필요하다. 동시에 지자체 차원의 공정 거래 지침 마련, 노쇼 반복 고객에 대한 제재 근거 마련, 분쟁 시 법적 처벌 및 구제 절차 지원 같은 제도가 뒷받침되어야 외식업체들이 최소한의 안전망 속에서 운영될 수 있다.

노쇼 문제는 개인의 무책임한 행동을 넘어 사회적 신뢰를 흔드는 현상이다. 소비자는 예약을 사회적 약속으로 인식해야 하고, 업계와 행정은 이를 제도적으로 보완해야 한다. 결국 신뢰를 지키는 실천적 행위와 제도적 안전망이 결합될 때 캔슬 컬처 시대에도 외식업계는 건강한 생태계를 유지할 수 있을 것이다.

3. 기후 미식…지구를 위한 모두의 선택

세계는 지금 기후 위기의 한가운데에 서 있다. 유엔(UN)과 IPCC(기후변화에 관한 정부 간 협의체)는 지구 평균기온이 산업화 이전 대비 이미 1.2℃ 상승했다고 경고하며, 지금과 같은 추세가 이어질 경우 2030년대에는 1.5℃ 임계점을 돌파할 가능성이 높다고 전망했다. 폭염과 집중 호우, 산불과 가뭄 같은 이상 기후는 더 이상 특정 지역의 문제가 아니라 일상의 위험이 되었고, 식량 생산과 공급망 안정성 역시 흔들고 있다. 전 세계 식품업계와 외식 산업이 지속 가능성을 새로운 기준으로 받아들이게 된 배경이 바로 여기에 있다. 이런 흐름 속에서 등장한 개념이 '기후 미식(Climate Gastronomy)'이다. 기후 미식은 기후 위기 시대에 걸맞은 지속 가능성과 윤리적 책임을 담보하는 식문화를 뜻한다. **▲제철 재료 및 식물성 재료를 활용**해 탄소 배출을 줄이고, 푸드 마일리지(Food Mileage)가 낮은 **▲로컬 식자재를 우선 소비**하는 게 대표적이다. 여기에 '탄소 발자국' 관리나 **▲노 플라스틱 실천** 및 일회용품 사용 최소화, 폐기물을 줄이는 **▲제로 웨이스트 캠페인** 등이 맞물려 점차 확산되고 있다. 또한 최종 소비 단계만이 아니라 **▲원재료의 생산 및 유통과정의 지속 가능성을 고려**하는 공급자 측면의 노력과 친환경적 선순환 구조를 만들어 가는 소비자 측면의 노력이 시대적 과제로서 함께 요구되고 있다. 국내에서도 친환경 소비를 중시하는 MZ세대를 중심으로 이에 대한 관심이 커지고 있다. 환경을 고려해 음식을 선택하는 기후 미식은 취향의 차원을 넘어 공급자와 소비자 모두의 사회적 책임과 신뢰를 평가하는 기준으로 자리 잡고 있다.

글로벌 외식업계는 기후 위기 시대를 맞아 다양한 방식으로 탄소 저감을 실천하며, 이를 통해 소비자의 신뢰 획득과 고객 유치를 이어가고 있다. 대형 프랜차이즈 차원에서 대표적인 기업은 '버거킹'과 '팀홀튼' 등을 운영하는 캐나다의 다국적 패스트푸드 지주회사 '레스토랑 브랜드 인터내셔널(RBI)'이다. RBI는 재생 전기를 이용하는 배송 차량을 도입하고, 매장 내 친환경 전기 사용을 확대하며, 식품 포장재 속 과불화화합물을 축소하는 등 다방면에서 기후 행동 참여를 실천하는 한편 운영 전반에서 탄소 발자국 줄이기를 목표로 삼고 있다. 미국의 샐러드 체인 '스위트그린(Sweetgreen)' 역시 주목된다. 스테이크 메뉴를 새롭게 출시하면서 온실가스 배출의 큰 원인으로 지목되는 소고기 메뉴를 도입한 것에 대한 비판에 직면했는데 재생 농업 기반 목축업체와 협력하고, 탄소 상쇄 크레디트를 활용해 2027년까지 탄소 중립 목표를 지키겠다는 전략을 세웠다. 메뉴 개발에도 기후 대응을 연결해 식재료 선택은 곧 환경적 책임을 동반한다는 점을 각인시켰다.

중소 규모 외식업계도 저마다의 방식으로 기후 미식을 실천하고 있다. 미국 로스앤젤레스의 '양스키친(Yang's Kitchen)'은 지역 밀가루와 재생 농업 기반 농산물을 사용하고 매출 일부를 재생 농업 펀드로 기부한다는 사실을 메뉴판에 명시해 투명성을 확보했다. 이는 고객에게 식사와 함께 자연스럽게 지속 가능한 순환 구조에 동참하는 경험을 제공해 신뢰를 이끌어냈다. 덴버의 <미쉐린 가이드> 추천 레스토랑 '올리비아(Olivia)'는 음식물 쓰레기를 퇴비화한 뒤 된장과 식초, 콤부차를 만들고 완두콩 껍질로 만든 종이를 손님에게 선물한다. 폐기물 감량을 통해 절약한 퇴비화 비용은 생태계에 도움이 되는 재료를 구매하는 데 할애한다. 일본 도쿄 시부야의 비건 레스토랑 '마사카(Masaka)'는 육류 요리와 비교했을 때 각 요리의 탄소 배출 절감률을 메뉴판에 수치로 공개한다. 예컨대 육류 대비 치킨튀김 세트는 -20.2%, 군만두 세트는 -14.5%, 마파두부 세트는 -25.7%의 탄소 절감 효과가 있다는 사실을 알린다. 방문객의 90% 이상이 긍정적으로 반응했으며, 이는 친환경에 기여하는 소비를 한다는 새로운 경험을 만들어냈다.

국내에도 이러한 시도가 이어지고 있다. 서울 신사동의 '레귬(Legume)'은 이름 그대로 콩(Legume)을 키워드로 삼아 육류 대신 콩·곡물·채소를 활용해 탄소 집약도가 낮은 요리를 선보인다. 서울 성수동의 '레벨제로(Level Zero)'는 제로 웨이스트 레스토랑을 콘셉트로 재료의 모든 부분을 활용하는 조리 방식을 지향하는 한편 로컬 식재료 중심의 메뉴 구성, 순환 농업과 연계된 공급망을 통해 생산과 소비 전 과정의 탄소 발자국을 줄이는 데 집중한다. 건강한 식문화, 함께하는 공동체를 만들어가는 지속 가능한 시스템의 외식 브랜드를 지향하는 서울 성수동의 브런치 카페 '리프레쉬먼트(Refreshment)'는 공정 무역 커피, 지역 농가와 협력한 로컬 및 제철 식재료를 우선 사용하며, 공급망에서 탄소 배출을 줄이는 구조를 추구한다. 또한 매장 운영에서 플라스틱 사용 최소화와 친환경 포장재 도입 등을 실천하면서 지속 가능한 미식과 농업을 위한 식문화를 만들어가고 있다. 서울 청담동의 칵테일 바 '제스트(ZEST)'는 상호 자체가 '제로 웨이스트'를 줄인 말일 정도로 개점 초기부터 철저하게 제로 웨이스트를 브랜드 철학으로 삼았다. 칵테일 제조 과정에서 발생하는 부산물을 새로운 재료로 재활용하고, 쓰레기 배출을 최소화하는 등 운영 전반에서의 친환경 실천이 곧 브랜드 정체성으로 자리 잡았다. 이러한 노력은 국제적으로도 인정받아 '아시아 베스트 바 50'에 이름을 올리며, 친환경 철학이 경쟁력으로 이어질 수 있음을 보여주었다.

기후 미식은 외식업계가 기후 위기에 대응하는 중요한 흐름으로 자리 잡았지만, 현실적인 과제와 한계 또한 분명하다. 무엇보다 가장 큰 문제는 '비용'이다. 친환경 포장재 사용이나 로컬·유기농 식재료 구매, 제로 웨이스트 운영은 대부분 운영비 상승으로 이어지며, 이는 음식 가격에 고스란히 반영된다. 결과적으로 기후 미식은 대중적인 확산보다는 프리미엄 브랜드나 일부 소비층에 국한될 가능성이 크다. 또한 일부 소비자는 기후 미식 실천을 적극 지지하지만, 여전히 상당수의 소비자는 가격과 편의성을 최우선으로 삼는다. 불황과 인플레이션이 계속되는 가운데 현실의 생존에 밀려 지속 가능한 미래는 '한가한 소리'로 취급받기도 한다.

기후 미식이 외식업계 전반의 성장을 견인하기 위해서는 소비자 인식의 전환이 필수적이지만, 현시점에서는 여전히 한계가 뚜렷하다. 또한 실효성에 대한 의문도 제기된다. 개별 레스토랑이 음식물 쓰레기를 줄이고 친환경 포장을 도입하는 시도는 상징적으로 의미가 크지만, 실제 탄소 감축 효과가 어느 정도인지 정량적 근거가 부족하다 보니 감성적 캠페인에 머물 수 있다는 우려도 있다. 아직까지 외식업계의 친환경 실천을 촉진하거나 표준화된 지침을 제공하는 정책은 제한적이며, 대부분 개별 업소나 기업의 자발적 노력에 기대고 있다. 산업 차원에서의 확산 동력이 부족한 만큼, 장기적으로는 정부와 지자체가 표준 가이드라인과 인센티브를 마련해 제도적 기반을 다지는 것이 필요하다.

기후 리스크와 '오아시스' 상권

기후변화는 농업 생산이나 식재료 수급 문제를 넘어 외식 공간의 운영 환경에도 강력한 영향을 미친다. 폭염, 한파, 집중호우 같은 극단적 날씨는 고객의 이동 동선과 소비 패턴에 직접 작용하기 때문에 외부 환경에 노출된 업종일수록 경영 불안정이 커진다. 여름철에 불리한 해산물 전문점이나 겨울철이 어려운 빙수집처럼 계절적 특수성을 지닌 업종은 물론이고 전통 시장, 야외 테라스 매장, 주차 공간이 협소한 골목 상권 로드숍 등은 날씨 변화에 취약해 매출 변동 폭이 크게 나타난다.

반대로 외부 기후 환경의 영향을 적게 받는 백화점이나 대형 쇼핑몰 내 외식 공간, 즉 '오아시스 상권'은 기후 리스크에서 자유롭다. 이 공간들은 사막에서 샘과 나무를 제공하듯 소비자에게 안정적이고 쾌적한 환경을 제공하며, 쇼핑과 문화 활동을 결합한 복합 경험을 가능하게 한다. 기후의 불확실성이 커질수록 사람들은 보다 예측 가능한 환경을 선택하게 되고 그에 따라 쇼핑몰과 백화점의 외식 매장은 고객 유입을 이끌고 체류 시간을 늘리는 핵심 장치로 자리매김하고 있다.

반대로 이상 기후로 인해 봄가을이 짧아지면서 그 시기에만 누릴 수 있는 '야장(野場, 야외 좌석·테라스·노상 식당)' 문화가 각광받고 있다. 주로 밤 시간대에 야외에 테이블과 의자를 놓고 자유분방한 분위기 속에서 식사 및 음주, 즉흥적인 만남을 즐기는 외식 수요가 늘어나고 있는 것. 기후변화로 계절성이 흐려지면서 계절 감각을 회복시키는 경험적 소비를 찾게 된 것과 기회를 미루지 않는 즉시성(Instant Consumption) 소비 경향이 늘어나는 것이 그 요인으로 꼽힌다.

이처럼 기후변화는 외식업계의 공간 지형도를 바꾸는 주요 요인으로 작용하고 있다. 기후에 취약한 노출형 상권은 생존 전략을 새롭게 고민할 필요가 있는데, 한편으로는 쾌적한 날씨의 희소성이 커진 상황에서 일부 매장의 경우 야장을 전략적으로 확장해 짧은 황금 시즌을 적극적으로 수익화하기도 한다. 기후에 영향을 덜 받는 복합 쇼핑몰형 외식 공간은 오히려 불안정성을 성장의 기회로 전환하고 있다. 이는 기후가 외식업계의 배경 요소를 넘어 구조적 변화를 이끄는 원동력이자 앞으로 외식 공간 전략에서 반드시 고려해야 할 핵심 변수임을 보여준다. ●

YEONMUJANG
EST.
1790
MILITARY
TRAINING GROUNDS
LUVLUVLUV
SEOUL
38, YEONMUJANG-GIL
SEONGDONG-GU
SEOUL
REPUBLIC OF KOREA
04781

멀티레이어 다이닝 (Multi-layer Dining) : 다차원 외식

CHAPTER 05.

PET FRIENDLY
PET FRIENDLY

물가 상승과 경기 침체가 이어지면서 한 끼 평균 지출은 꾸준히 높아지고, 소비자들의 지갑은 쉽게 열리지 않고 있다. 소비자들의 외식 소비 양상이 더욱 신중해졌다는 의미다. 국내 외식업계는 그간 양적, 질적 성장을 거듭해왔고, 외식의 선택지도 보다 다양해졌다. 소비자들의 선택도 그만큼 더 까다로워져 매장 방문에 앞서 검색과 비교 과정을 거치는 시간이 길어졌다. 이는 단순히 비용을 아끼려는 태도가 아니라, 한 번의 외식을 더 깊이 있는 경험으로 만들고자 하는 가치 지향적 소비 성향에 따른 것이라고 할 수 있다. 아무리 불황이라 해도 야구 경기 원정, 아이돌 콘서트 티켓, 애니메이션 관련 굿즈, 가차 숍(뽑기 가게), 러닝용품, 빵지 순례 등 개인의 관심사나 취미와 관련된 소비에는 아낌없이 소비하는 현상이 나타나고 있는데, 이는 해외에서도 젊은 층을 중심으로 관찰되는 소비 특성이다. 이같이 감정, 경험, 자기 만족을 중시하는 소비를 일컬어 '트리토노믹스(Treatonomics) 현상'이라는 신조어도 생겨났다. 이런 소비의 가장 큰 특징은 비교적 저비용을 들여 즉각적인 보상을 받는다는 점과 즉흥적이고 가벼운 소비를 한다는 점이다. 여기에는 SNS를 통해 자기 취향과 라이프스타일을 보여주고 싶어 하는 욕구가 매우 강한 MZ세대의 소비 심리도 반영돼 있다. 이들이 소비하고 수집하는 것들은 개개인의 취향을 상징적으로 보여주는 역할을 한다.

외식에서도 이러한 특성이 나타난다. 농림축산식품부와 한국농수산식품유통공사(aT)의 2025년 외식 소비 트렌드 조사에 따르면, 소비자들은 외식 빈도를 줄이는 대신 한 번의 외식에서 더 높은 만족과 특별한 경험을 얻으려는 경향을 뚜렷하게 보이고 있다. 고물가와 불황 속에서도 '덜하지만 더 특별하게' 소비하려는 태도는 이제 일상이 되었고, 외식업계는 이에 맞춰 새로운 전략을 모색하고 있다. 리서치 기관 컨슈머인사이트의 조사에 따르면 외식 소비자들은 단순히 맛이나 가격보다 '공간 안의 체류 경험, 부대 서비스' 등에 더 많은 비중을 두며,

최근 저비용 여가 소비와 컬렉터블 문화가 결합돼 가차 숍이 늘어나고 있다.

멀티레이어 다이닝을 표현한 그래픽

'가격 대비 가치(Value-for-money)'와 '개인의 경험(Personal Experience)'을 중요하게 여기는 것으로 나타났다. 한국소비자산업평가(KCIA)의 외식업 평가에서는 음식의 맛뿐만 아니라 시설 만족도, 매장 콘셉트, 친환경 경영, 맞춤형 서비스가 중요한 평가 항목으로 자리 잡았다. 이는 소비자들이 외식 장소를 선택할 때 식사 경험을 비롯해 공간적 특색과 차별화된 서비스를 중시하고 있음을 보여준다. 가격보다 어떤 경험을 했는지, 그 경험을 누구와 공유했는지가 외식의 핵심 평가 요소로 자리 잡은 것이다. SNS와 커뮤니티를 통한 공유 문화는 이러한 경향을 더욱 강화하며, 소비자들은 외식을 통해 자신의 가치관과 취향을 표현한다.

외식 공간의 역할이 라이프스타일 전반으로 확장되면서, 이제 외식 공간은 문화와 휴식, 교류와 체험이 함께 어우러지는 장소가 되고 있다. 팝업 레스토랑에서는 한정된 순간을 기록하고, 반려동물과 함께하는 다이닝에서는 가족의 의미를 넓히며, 공연과 식사가 결합된 무대에서는 새로운 시간을 경험한다. 이처럼 외식 소비자의 선택 기준은 단순한 '맛'에서 벗어나 '경험과 의미'로 이동하고 있으며, 업계는 맛과 공간, 그리고 경험을 유기적으로 결합한 다층적 공간을 끊임없이 실험하고 있다. 이러한 맥락에서 주목받는 개념이 바로 '멀티레이어 다이닝(Multi-layer Dining)', 즉 다차원 외식이다. 멀티레이어 다이닝은 식사를 넘어 문화·휴식·취미·반려·테크·여행으로 확장된 다양한 경험을 동시에 제공하는 외식 공간을 뜻한다. 다시 말해, 한 끼의 식사가 그저 '먹는 행위'에 그치지 않고 소비자의 라이프스타일 전반을 풍요롭게 채우는 경험의 플랫폼으로 진화한 것이다.

1. 외식 공간의 다차원화…문화·휴식·취미의 확장

공연과 외식의 융합 : 뮤지컬 펍 & 컬처 레스토랑

최근 외식 공간은 문화와 여가가 어우러지는 복합적 무대로 변모하고 있다. 소비자들은 식사뿐 아니라 공연·전시·음악 같은 다양한 문화를 동시에 누릴 수 있는 다층적 경험을 추구하며 이를 즐길 수 있는 공간을 찾는다. 이런 곳은 특히 MZ세대를 중심으로 외식은 먹는 행위 이상의 의미, 곧 자신의 라이프스타일을 표현하고 공유하는 수단으로 자리 잡고 있으며, 이는 SNS와 온라인 커뮤니티의 확산과 맞물려 더욱 강한 영향력을 발휘하고 있다. 외식업계 관점에서 이러한 융합은 단순히 부가적인 서비스가 아니라 생존과 차별화 전략이 되고 있다. 경기 불황과 외식 시장 포화 속에서 맛과 가격만으로는 경쟁력을 갖기 힘들고, 소비자 충성도를 확보하기도 어려워졌다. 이에 따라 많은 외식업체가 공연과 문화 요소를 결합해 체류 시간을 늘리고, 고객 만족도를 높이며, 재방문을 유도한다. 또한 식음료 판매에 더해 공연 티켓, 패키지 상품, 브랜드 굿즈 등의 판매로 다층적 수익 구조를 만들어 사업 안정성에 긍정적인 효과를 낳기도 한다. 이러한 흐름 속에서 등장한 것이 바로 뮤지컬 펍과 컬처 레스토랑 같은 새로운 외식 형태다. 이들 공간은 식사와 음료를 즐기면서 라이브 공연이나 전시를 관람할 수 있도록 설계되어 관람과 식사, 그리고 사교가 동시에 이루어지는 경험을 제공한다.

서울 송파구의 '커튼콜인샬롯'은 잠실 샤롯데시어터 내에 자리한 대학로의 뮤지컬 펍 '커튼콜'과 손잡고 문을 연 국내 최초의 '공연장×뮤지컬 펍' 컬래버레이션 공간이다. 특히 이곳은 뮤지컬을 미식으로 확장한 뮤지컬 펍으로 작품에서 영감을 받은 칵테일은 물론 펍 한편에 마련된 무대에서 직원들이 펼치는 뮤지컬 퍼포먼스까지 만날 수 있다. 서울 대학로의 '뮤지컬 펍 스폿라이트'는 무대와 관객 사이의 거리를 좁힌 소극장형 펍으로, 배우와 배우 지망생들이 직접 무대에 올라 뮤지컬 넘버를 선보인다. 이곳은 팬덤 중심의 커뮤니티 기능이 강하며 관객이 배우와 교감

할 수 있는 현장성이 특징이다. 서울 강남구 청담동의 '뮤지컬펍 송스루 청담라운지'는 대극장에서 활동 중인 뮤지컬 배우들의 고퀄리티 무대와 함께 간단한 안주 및 음료를 곁들이는 라이브 문화 공간이다.

음식과 미디어 아트를 결합해 새로운 경험을 제공하는 컬처 레스토랑도 주목받고 있다. 서울 강남의 '엔오알(NOR)'은 미디어 아트와 파인다이닝의 페어링을 전면에 내세운다. 스토리텔링, 시각·청각적 연출, 예술과 창작을 통해 감정을 자극하고 사회적 이슈에 대한 대화를 이끄는 특별한 경험을 제공하며 이에 맞는 코스 요리를 함께 진행한다. 서울 강남의 '비언유주얼(Be Unusual)'은 프로젝션 매핑 기술을 통해 식사 공간 전체를 하나의 전시장으로 바꾼다. 벽과 천장, 테이블 주변까지 영상이 펼쳐져 손님은 마치 전시 속에서 식사하는 듯한 분위기를 만끽할 수 있다.

휴식 중심형 외식 : 몸과 마음을 채우는 공간

현대사회는 생산성과 성과 중심의 가치관이 지배하지만, 최근 소비자들은 그 틀에서 벗어나 '쉼과 휴식'이라는 기본적 행위를 새롭게 문화적 콘텐츠로 소비하기 시작했다. 서울시에서 꾸준히 열리고 있는 한강 '멍 때리기 대회'와 '잠 퍼자기 대회'는 대표적인 사례다. 이들 이벤트는 심리적 안정과 휴식의 가치를 강조하며 스마트폰과 업무, 과잉 자극 속에서 살아가는 현대인에게 가장 필요한 '아무것도 하지 않을 권리'에 대한 메시지를 전달하며 재미 요소를 넘어선 사회적 공감대를 형성했다. 이런 흐름에 따라 외식 공간 역시 편안하게 머무르며 정서적 안정을 찾는 휴식 공간으로 진화하고 있다. 도시 생활 속 스트레스와 과잉 체험 콘텐츠에 대한 피로감이 커지면서, 소비자들은 북 카페, 명상 카페, 웰니스 라운지 같은 휴식 중심형 공간에서 조용히 쉬고 힐링할 수 있는 시간을 선호하게 된 것이다.

2025년 개장한 서울 노원구의 자연 휴양림 '수락휴'는 도심과 가까운 곳에서 숙박, 미식, 체험 등 '숲캉스'를 즐길 수 있는 장소다. '자연에서 누리는 온전한 휴식과 치

수락휴 내 미식 공간 씨즌서울 바이 홍신애 전경(사진_수락휴)

유'라는 취지에 걸맞게 이곳에서는 미식에도 쉼에 초점을 맞췄다. 수락휴 내 레스토랑 '씨즌서울 바이 홍신애'는 건강한 먹거리에 진심인 홍신애 요리연구가가 농장 직송 재료로 선보이는 건강한 음식을 선보이는 곳. 전망 좋은 자연 속에 머물면서 건강하고 맛있는 한 끼와 함께 일상에서 지친 몸과 마음을 회복하는 '쉼 다이닝'으로 주목받고 있다.

헬스케어 브랜드 세라젬에서 운영하는 '세라젬 웰 카페 & 라운지'는 웰니스 콘셉트를 접목해 단순한 휴식이 아닌 심리적 회복의 경험을 제공하며, 아트를 통해 정신적 건강을 얻는다는 콘셉트로 기존 체험 존에 예술 작품을 더한 '세라젬 아트, 쉼 바이 꼴렉뜨 핑크' 매장도 오픈했다. 서울 광진구 '본초쌍화', 부산 영도구 '족욕카페뷰', 대전 동구 '민들레족욕' 등 개인 컨디션에 맞춘 한방 블렌딩 차와 따뜻한 족욕을 결합한 힐링 카페도 있다.

이 외에도 일대일 상담, 원데이 클래스 등 체험형 프로그램을 함께 운영하는 카페와 따뜻한 커피에 명상 및 요가를 결합한 휴식형 카페 등이 심리적 안정과 공동체적 교류의 장을 마련하며 확산되고 있다. 부산 '모모스커피 마린시티점'은 요가 스튜디오와 합동 원데이 클래스를 진행하며, 제주의 '제주901'은 요가 원데이 클래스와 비건 식사를 경험할 수 있는 복합 웰니스 공간이다.

복합 웰니스 공간 제주901(사진_업체 제공)

스페이스덴티티(Spacedentity) : 내가 가는 공간이 나 자신

MZ세대를 중심으로 취향 공동체와 팬덤 소비가 급성장하면서 외식 공간은 이제 취미와 체험을 결합한 복합 문화 공간이자 모임과 교류 중심의 커뮤니티 및 팬덤을 품는 매개체로 확장되고 있다. 현대 소비자는 단순히 음식을 먹기 위해서만 외식 공간을 찾지 않는다. 물리적 공간을 선택하는 과정 자체가 자신의 취향과 정체성을 드러내는 방식이 되었기 때문이다. SNS의 발달은 이러한 소비 추세를 더욱 강화한 요인이다. SNS는 소비를 '개인적 행위'에서 '공유적 행위'로 바꿔놓았으며 내가 어떤 식당에서 식사를 했는지 자체가 자기 표현이 되거나 정체성 표현의 도구가 되기도 한다.

외식은 누구나 일상에서 가장 자주 경험하는 소비 행위이자 접근성이 좋은 라이프스타일의 접점으로서 취향 및 취미 소비와 자연스럽게 결합한다. 예를 들어 관심 분야의 원데이 클래스, 요즘 인기가 높은 러닝 커뮤니티같이 학습·운동·창작이 결합된 사례는 개인의 성장과 사회적 교류의 플랫폼으로서도 작용한다. 경기 용인의 '카페식스'는 자동차와 모터사이클을 좋아하는 사람들을 위한 카페로, 실제 차량이나 모터사이클을 전시하고 레이싱 분위기로 꾸며 커피와 디저트를 즐길 수 있도록 했다. 최근 F1 종목의 인기가 높아지며 화제가 된 곳으로 자동차 팬들에게는 취향을 드러내고 몰입할 수 있는 특별한 무대가 된다.

자동차와 모터사이클을 좋아하는 이들을 위한 테마 카페 용인 카페식스(사진_업체 제공)

서울 용산구 해방촌의 '윤주당'은 전통주를 직접 빚어보고 맛볼 수 있는 체험형 주막이다. 종로구 운니동에 위치한 '윤주당 스튜디오'에서는 술의 역사와 철학, 제조법을 배우고 해방촌 윤주당과 페어링 랩에서는 음식과 술을 곁들인 외식 경험을 함께 제공한다. 서울 광진구 자양동의 '저스트런잇' 카페는 러닝을 취미로 삼는 이

전통주 제조 체험을 진행 중인 윤주당 스튜디오 (사진_업체 제공)

들을 위한 러너스 커뮤니티 카페로 운영된다. 이곳에서는 러닝 클래스와 커뮤니티 모임이 열리며, 달리기를 즐긴 후 함께 휴식을 취하거나 정보를 나누는 장으로 기능한다. 카페 내부에서는 러닝 티셔츠, 액세서리 등 관련 굿즈도 판매해 취미 활동과 소비 경험이 동시에 이루어진다. 당일 10km 이상 러닝 인증을 하면 할인 혜택도 제공한다.

자유 여행이 보편화되면서 여행의 형태에도 자신의 취향과 기호, 감성이 반영되고 있으며 미식 역시 이에 맞춰 함께 이뤄지고 있다. 지역 농산물을 활용한 농가 레스토랑 방문, 와인·막걸리·수제 맥주를 직접 체험하는 와이너리 및 양조장 투어, 그리고 지역의 역사나 자연에 미식을 결합한 로컬 투어형 다이닝 등은 여행의 완결성을 더하는 매개체가 되고 있다.

밈 푸드 : SNS 밈이 식탁에 오르다

최근 외식업계에는 온라인에서 시작된 유행이 실제 메뉴와 상품으로 빠르게 전환되는 현상이 활발히 나타나고 있다. 특정 음식 조합이나 레시피가 SNS에서 화제가 되면 소비자들은 이를 직접 따라 해보고 싶어 하며, 유명 연예인이나 유튜버의 언급은 확산에 불을 붙인다. 이런 현상이 단순한 유행을 넘어 하나의 사회적 놀이와 문화로 자리 잡으면서 결국 기업이나 외식 브랜드가 정식 제품으로 출시하는 단계까지 이어지기도 한다.

인터넷 밈(Meme)처럼 퍼져 나간 음식, 즉 '밈 푸드(Meme Food)'는 온라인에서 자발적으로 탄생한 레시피나 조합이 소비자 참여와 화제를 거쳐 실제 시장에 반영되는 새로운 식문화다. 밈 푸드의 등장은 디지털 네이티브 세대의 적극적인 참여

버거킹에서 출시한 수학 일타 강사 정승제 치즈버거(사진_버거킹)

문화, 빠르게 변하는 소비 트렌드, 인플루언서의 막강한 파급력이라는 세 가지 요인이 맞물린 결과라고 할 수 있다. 대표적 사례 중 하나가 중국 훠궈 프랜차이즈 하이디라오에서 유행한 '건희 소스'로, 매장을 방문한 이들의 필수 소스 조합이 되었다. 크림치즈와 블루베리를 조합한 단순한 레시피임에도 온라인상에서 퍼진 '전 남친 토스트' 역시 예능 프로그램의 파급력에 힘입어 편의점, 카페 등에서 제품화됐다. 버거킹은 '먹잘알' 수학 일타 강사 정승제 씨가 즐겨 먹는다고 밝힌 치즈 14장을 넣은 커스텀 레시피를 '정승제 치즈버거'라는 이름으로 정식 출시했고, 해외 SNS에서 시작된 '닥터페퍼 피클 챌린지'를 실제 메뉴로 구현하기도 했다. 아웃백 스테이크하우스의 '투움바파스타' 소스 레시피는 SNS에서 유행하는 것을 넘어 치킨, 떡볶이, 피자, 라면 등으로 활용 범위를 확장하며 하나의 '맛' 카테고리를 형성했다.

이처럼 온라인은 새로운 아이디어와 밈을 생산하는 실험실이 되고, 오프라인은 이를 실질적 경험으로 구현하는 무대가 된다. 소비자는 SNS에서 본 레시피를 집에서 따라 하거나 매장에서 직접 맛보면서 온라인과 오프라인을 교차하는 경험을 쌓는다. 밈 푸드는 디지털 공간의 집단 창의성과 외식 공간의 현실적 경험을 잇는 다리 역할을 하며, 외식업이 소비자와 함께 만드는 참여형 플랫폼으로 진화하도록 이끈다. 외식업계가 밈 푸드를 효과적으로 활용하기 위해서는 온라인 밈을 주의 깊게 관찰하고 이를 빠르게 상품화하는 민첩성이 핵심이다. 온라인에서 발생한 짧은 주기의 트렌드를 놓치지 않고 오프라인 경험으로 연결할 수 있을 때, 밈 푸드는 외식업계에 새로운 화제성과 시장 경쟁력을 만들어내는 강력한 도구가 된다.

2. 외식의 다층적 진화…반려동물, 팝업 스토어, 푸드테크까지

펫 프렌들리 : 외식의 새로운 소비자

외식업계에서 펫 프렌들리(Pet-friendly) 외식이 새로운 소비 가치로 부상하고 있다. 농림축산식품부에 따르면 2024년 기준 국내 반려동물 양육 가구 비중은 28.6%에 달하며 4가구 중 1가구가 반려동물과 함께 사는 것으로 나타났다. 특히 '펫 휴머니제이션(Pet Humanization)'이라는 흐름 속에서 반려동물은 단순한 애완동물이 아니라 가족의 일원이자 생활 동반자로 인식된다. 저출산과 1인 가구 증가로 인한 정서적 소외감이 커지면서 반려동물과 함께 외식하는 경험은 가족 개념의 확장과 정서적 만족을 동시에 충족하는 방식으로 자리 잡히고 있다. 외식은 일상에서 가장 접근성이 높은 라이프스타일 소비인 만큼 반려동물과 함께하는 외식 공간이나 펫 메뉴, 커뮤니티형 레스토랑 등의 등장은 자연스러운 결과라 할 수 있다.

최근 제도적 변화가 뒷받침되면서 펫 프렌들리 외식이 제도권 안으로 들어왔다. 2025년 4월 식약처는 식품위생법 시행규칙 개정을 통해 일정 요건을 갖춘 음식점과 제과점에서 반려견·반려묘 동반 출입을 허용하기 시작했다. 이는 2023년부터 이어진 규제샌드박스 시범사업의 성과로, 위생과 안전을 확보하는 조건부 허용 방식이다. 현재 수도권 기준으로 6800여 개 매장이 '펫 동반 가능'으로 등록되었으며, 펫 관련 사업의 기반이 빠르게 확장되고 있다.

외식 공간의 펫 메뉴와 펫 전용 다이닝은 펫 휴먼화 현상을 구체적으로 보여준다. 일부 레스토랑은 반려견 전용 코스 요리를 개발해 '펫 오마카세'라는 새로운 외식 포맷을 만들었으며, 카페에서는 반려동물 전용 간식과 음료, 펫 전용 의자를 제공해 사람과 같은 테이블에서 식사하는 경험을 가능하게 했다. 일례로 서울 송파구의 펫 다이닝 '맘마'는 반려견과 함께하는 캐주얼 다이닝으로 강아지 코스 요리와 생일 파티도 가능하다. 서울 강남구의 '패티드'도 사람과 반려동물을 위한 캐주얼 다이닝 콘셉트로 운영되며 펫 전용 매뉴의 비주얼이 일반 요리와 흡사하다.

반려견과 함께하는 송파구의 캐주얼 펫 다이닝 맘마(사진_업체 제공)

포털사이트 네이버는 전국 애견 동반 장소를 확인할 수 있는 '갈수있어 강아지도'를 제공하고 있으며, 네이버 플레이스 서비스에서는 반려동물 메뉴를 취급하지 않더라도 동반 출입이 가능한 경우 업체가 직접 '반려동물 동반 가능' 항목을 등록해 검색 시 노출될 수 있도록 하고 있다. 또한 일부 펫 카페들은 유기 동물 입양 상담이나 커뮤니티 이벤트를 연계해 외식과 사회적 가치, 보호자 교류를 결합한 새로운 모델을 만들어가고 있다. 이와 같은 펫 프렌들리 외식 공간은 가족 개념 확장과 정서적 만족을 동시에 충족하는 새로운 가치 소비의 장으로 자리매김하며, 향후 외식업의 중요한 성장 동력으로 이어질 것으로 전망된다. 다만 제도적 기반과 표준 가이드라인의 명확한 정비가 필요하며 외식업계는 차별화된 경험 설계와 반려인의 에티켓 관리를 강화해야 한다. 반려동물을 선호하지 않거나 위생, 알레르기, 안전을 우려하는 소비자의 권리 또한 존중되어야만 진정한 지속 가능성을 확보할 수 있다.

팝업의 경제학 : 브랜드 실험실에서 오프라인 활력 인프라로

국내 외식 팝업 스토어는 신상품을 알리는 임시 매장을 넘어 도시의 경험 인프라로 자리 잡았다. 서울 성수동과 여의도 더현대서울을 중심으로 팝업 스토어가 집중되면서 주말의 소비 동선을 좌우하는 핵심 콘텐츠가 되었다. 여기에 유통사와 지자체, 호텔과 관광 축제까지 가세하며 짧지만 강렬한 체험과 체류형 소비가 확산되고 있다. 실제로 2024년 1월부터 11월까지 열린 팝업 스토어 1431개 중 약 28.5%가 성수동에 집중되었고, 2025년에는 성수동에서도 동쪽으로 핫 존이 이동하면서 초단기 운영의 비중이 커졌다. 더현대서울은 명품관이나 식당가보다 팝업 공간이 더 큰 흡인력을 발휘하는 '팝업 성지'가 되었으며, 외국인 관광객까지 끌어들이고 있다. 2025년 상반기 집계에 따르면 전체 팝업 행사의 절반에 가까운 48.9%가 유통사 공간에서 열렸고, 그중에서도 현대와 롯데, AK 등 대형 유통 3사가 70% 이상을 차지할 정도로 집중도가 높다. 특히 유통사 주도의 팝업 행사는 절반 가까이가 캐릭터나 콘텐츠 지식재산권(IP)을 활용해 대중적 체험을 강화하는 방식으로 기획되고 있다.

운영 방식에도 변화가 나타나 평균 운영 기간이 2024년 25.1일에서 2025년 상반기 17.9일로 단축되었고, 대신 짧은 기간 동안 희소성과 회전율을 극대화해 소비자들의 포모(FOMO: 기회를 놓치고 싶지 않은 심리)를 자극하는 전략이 일반화되고 있다. 행사 내 식음료 결합도 보편화되어 패션이나 아트, 캐릭터 IP 팝업 스토어 안에 카페와 디저트 바, 푸드 트럭, 테마 다이닝을 함께 배치해 체류 시간을 늘리는 방식이 흔히 쓰이고 있다. 더현대서울이나 성수동에서는 카페, 디저트, F&B와 각종 브랜드의 협업 팝업 스토어가 매주 수십 건씩 열려 '팝업 투어'라는 신흥 여가 활동이 생길 정도다. 또한 백화점 식품관과 호텔 다이닝, 도시 축제나 아트 페어까지 팝업 다이닝을 연계하며 객단가와 체류 시간을 높이는 실험이 활발하다.

이러한 팝업 트렌드는 소비자들의 경험 중심 소비와 맞물려 있다. 온라인을 통해 가격과 상품 비교가 쉬워진 시대에 오프라인의 강점은 오직 그곳에서만 경험할 수 있는 희소성에 있다. 팝업 스토어는 이런 희소성과 함께 짧고 강한 운영과 차별화된 스토리텔링으로 SNS 확산과 체류형 소비를 견인한다. 유통사 입장에서는 모객과 수익의 핵심 채널로 부상해 공간 자체를 하나의 미디어로 활용할 수 있으며, 외식 브랜드 입장에서는 짧고 강한 운영으로 매출과 지역의 활력을 동시에 높이고 메뉴·가격·콘셉트를 단기간에 테스트하는 기회를 제공하며, 브랜드나 지역의 미식 브랜딩을 강화한다는 장점이 있다.

그러나 그늘 역시 분명 존재한다. 유통사와 공간 운영자는 수익을 챙기지만 입점 브랜드는 높은 수수료와 인건비, 설치비에 비해 수익성이 낮다는 지적이 있다. 본

전이나 적자에 머무는 구조적 불균형이 존재하고, 초단기 운영은 품질관리와 위생·안전 문제를 키우며, 특정 지역에 과도하게 쏠린 팝업 행사는 개성을 잃고 동질화되는 문제를 낳는다. 따라서 외식업 공급자는 팝업 참여의 성과를 단기 매출이 아니라 브랜드 인지도, 재방문율, 온라인 언급량 같은 브랜딩 핵심 성과 지표(KPI)로 설계하고, 초단기 운영에도 적용할 수 있는 표준화된 위생·운영 매뉴얼을 갖춰야 한다. 또한 다양한 채널에 분산 출현해 콘셉트 중복을 피하고, 지역의 맞춤 메뉴를 개발하는 전략이 필요하다. 비용 구조도 투명하게 관리해 한 명의 고객을 얻기 위해 들인 비용, 즉 고객 획득 비용(CAC) 관점에서 투자 수익률을 측정하며, 향후 재방문을 유도할 수 있는 파이프라인을 설계해야 한다. 친환경 모듈형 집기나 순환 소재 사용에 대한 고려 역시 필요하다.

고객 경험형 푸드테크 : 경험을 확장하는 기술

외식업계에서 '푸드테크(Food-tech)'는 진화를 거듭해오며 이제 운영 효율화를 넘어 고객 경험을 설계하는 핵심 동력으로 자리매김하고 있다. 과거 기술이 주방 자동화나 주문 편의성 개선에 머물렀다면, 이제는 '특정 장소에서만 누릴 수 있는 경험'을 만들어내는 차별화 전략으로 발전하고 있는 것. 인공지능(AI), 로봇, 블록체인 등은 식사의 물리적 층위 위에 새로운 감각과 가치를 덧입히며 외식을 몰입형 콘텐츠화함으로써 식사라는 행위를 고객이 참여하고 공감하며 신뢰할 수 있는 총체적 경험으로 확장한다.

비욘드허니컴의 한국형 AI 로봇 그릴 X를 도입해 운영 효율을 높인 마장동백갈비(사진_비욘드허니컴)

▲인공지능(AI)은 고객의 취향과 건강 데이터를 분석해 맞춤형 메뉴를 제안한다. 이는 자동화를 넘어 고객에게 '나만을 위한 식탁'을 제공한다는 점에서 의

미가 크다. AI 셰프가 설계한 코스 요리는 새로운 미식적 발견을 가능하게 하고, 레스토랑에는 차별화된 경쟁력을 부여한다. 또한 AI의 수요 예측은 재고 관리와 식자재 신선도를 보장하며, AI 조리 로봇은 표준화된 맛과 위생을 유지한다. 두바이의 '우후(WOOHOO)' 레스토랑은 AI 셰프가 운영하는 레스토랑이다. 실제 음식 준비는 사람들이 하지만 메뉴 설계, 분위기, 서비스 요소 등을 AI가 제안하며 버리기 쉬운 재료의 활용법도 알려준다. 국내 역시 AI 스마트 키친을 도입해 운영 효율성과 고객 경험의 차별성을 동시에 추구하는 시도가 이어지고 있다. 특히 우리나라는 구이 외식 문화가 발달한 만큼 직원 대신 고기를 알맞게 굽는 구이 로봇의 개발과 도입이 활성화되고 있다. 주류 전문점의 경우 AI 소믈리에가 고객의 취향을 반영한 최적의 선택을 돕는 방식으로 일상 속에 자연스럽게 녹아들고 있다. 스마트 오더 서비스와 AI를 결합할 경우 주문과 결제 과정이 간소화될 뿐만 아니라 고객의 과거 선택과 식습관 데이터를 기반으로 맞춤형 메뉴 추천도 할 수 있다. 이는 예상치 못한 새로운 메뉴를 발견하게 하며 추천받는 과정 자체가 즐거움으로 확장된다.

▲**로봇 서빙**은 인건비 절감뿐만 아니라 엔터테인먼트와 브랜드 아이덴티티를 강화하는 요소로 발전하고 있다. 일부 레스토랑에서는 캐릭터화한 로봇이 고객과 대화를 나누거나 퍼포먼스를 선보이며 공간의 개성과 감성을 더한다. 이는 편리함을 넘어 소비자가 기억하고 공유하고 싶은 경험으로 이어진다.

블록체인과 QR 기반의 ▲**트레이서빌리티**(Traceability)는 소비자가 원산지, 생산 과정, 유통 이력을 직접 확인해 자신의 가치관에 부합하는 소비를 가능하게 한다. 한우, 수산물, 와인은 물론 커피 브랜드까지 이러한 시스템을 도입해 고객 충성도를 높이고 있으며, 이 같은 투명성은 경험의 질을 결정짓는 중요한 가치로 자리 잡고 있다. ●

급식 4.0

CHAPTER 06.

국내 외식 시장은 고물가와 경기 침체라는 이중고를 맞이했다. 점심 한 끼 평균 비용이 빠르게 상승하면서 소비자들은 '런치플레이션'을 실감했고, 외식업체들은 매출 둔화와 구조적 불황의 파고에 직면했다. 반대로 기업 구내식당을 비롯한 단체 급식 업계는 호실적을 이어가고 있다. 병원, 군부대, 공항 등 특수 수요처를 중심으로 단체 급식 시장은 확장세를 이어가고 있으며 주요 대기업 계열사들은 실적 개선과 식자재 유통, 고객사 컨설팅 등으로 포트폴리오 확장에 성공했다.

업체 간 경쟁이 치열해지고 서비스가 고도화됨에 따라 편리하고 저렴하며, 적당한 한 끼로 여겨지던 급식의 존재감이 달라졌다. 한정된 예산에도 불구하고 푸짐함과 특별함으로 화제가 된 한 고등학교의 급식이 SNS를 통해 입소문나며 담당 영양사가 스타가 되기도 했다. 기업의 경우 제대로 갖춰진 구내식당은 가장 먼저 체감하는 복지이자 기업 브랜딩을 상징하는 복합적 가치로 자리한다.

최근 엠브레인 트렌드모니터가 전국 직장인 1000명을 대상으로 실시한 조사에 따르면 직장인 10명 중 7명이 구내식당을 중요한 직원 복지로 꼽았을 정도다.

회사가 많은 지역의 온라인 커뮤니티에서는 맛있는 구내식당 리스트가 공유되고 마치 맛집을 찾아가듯 인근 지역 주민이나 타 회사 직원이 찾아가기도 한다. 규모가 큰 기업일수록 구내식당을 핵심 복지로 여기며 품질 향상과 차별화를 시도하고 있다. 급식업계의 주요 기업인 현대그린푸드, 삼성웰스토리, 아워홈, 신세계푸드, CJ프레시웨이 등은 글로벌 셰프와 협업하고, 유명 맛집과 협업해 시그니처 메뉴를 제공하며, 계절별 특식 이벤트를 통해 끼니를 넘은 미식 경험을 사내로 들여오기 위한 다양한 시도를 이어가고 있다. 이는 외식 불황 속에서 성장하는 급식의 미식화 흐름이라 하겠다.

1. 외식 불황의 역설, 급식업계의 호황

외식업이 침체기를 맞은 2025년 1분기, 'CJ프레시웨이'는 매출 7986억 원, 영업이익 106억 원을 기록했다. 전년 동기 대비 각각 9.2%, 0.8% 증가한 수치다. '현대그린푸드'도 2025년 1분기 매출이 5706억 원, 전년 동기보다 2% 늘었다. 같은 기간 영업이익도 322억 원으로 전년 동기 대비 3.4% 뛰었다. '삼성웰스토리'는 급식 수증가와 고객사 신규 수주로 외형적 성장을 달성했지만 경쟁사에 비해 영업이익률은 낮게 나타났다. 식자재 가격 인상과 투입 인원의 임금 증가를 원인으로 꼽았다.

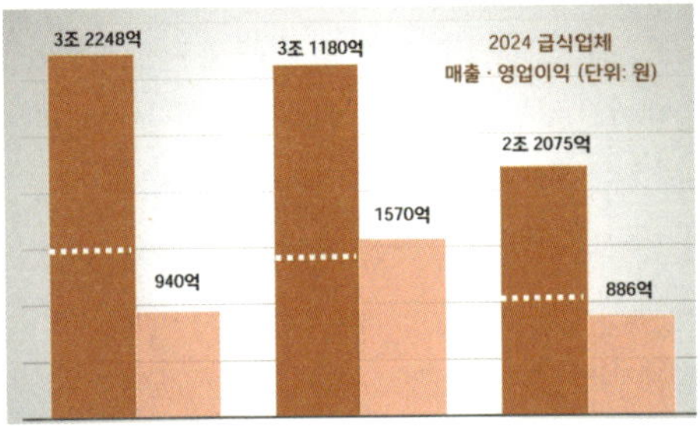

급식업체 매출 및 영업이익(2024)

대기업 단체 급식 서비스는 대부분 별도의 브랜드로 운영되지 않는데, 중견기업 '본푸드서비스'는 자사 급식 서비스를 '본우리집밥'으로 브랜딩해 차별화했다. <흑백요리사> 출신 김도윤 셰프의 미쉐린 1스타 레스토랑 '윤서울', 베트남 음식점 '효뜨', 이북 요리 전문가 최지형 셰프의 '리북방'과 협업해 개발한 특화 메뉴로 만족도를 끌어올리며 2025년 1분기 매출이 22.7% 상승해 업계의 눈길을 끌었다. 외식 시장이 불황을 겪을 때에도 꾸준히 실적을 내는 단체 급식의 '불황 내성'이 데이터로 입증된 셈이다.

왜 단체 급식은 외식업과 정반대의 궤적을 그리고 있을까? 그 배경에는 특수 수요처의 안정성과 구조적 변화가 자리한다. 군 급식 민간 위탁 확대가 대표적 사례다. 2025년 기준 약 49개 부대, 5만8000명 규모의 병력이 민간 급식을 이용하고 있으며, 이는 전체 병력의 15%에 달한다. 병원과 공항, 복지 시설 역시 외식 소비와 무관하게 일정한 수요를 유지하기 때문에 업계 입장에서는 외식 불황이 오히려 기회가 된다. 여기에 M&A와 사업 구조 재편, 해외시장 진출이 맞물리면서 단체 급식은 단순한 내수 방어 산업이 아닌 성장 산업으로 자리매김했다.

급식 및 식자재 유통업계의 선두 주자인 CJ프레시웨이는 식자재 유통 자회사 '프레시원'을 흡수 합병하며 유통망을 일원화했다. 규모의 경제를 확보함과 동시에 물류 효율성을 높여 경쟁력을 강화한 것이다. 삼성웰스토리는 베트남 등 해외시장을 기반으로 2033년까지 해외 매출 비중을 30%까지 확대한다는 장기 비전을 제시했고, 현대그린푸드 역시 미국·중동·중국 등에서 네트워크를 넓히며 해외 매출을 늘려가고 있다. 불황의 늪에 빠진 외식업계에서 급식업계는 오히려 구조적 성장이라는 키워드를 손에 넣은 셈이다. 단체 급식 업종은 식사 제공을 비롯해 외식, 유통, 글로벌 전략, 맞춤형 건강식까지 포괄하는 종합 식문화 산업으로 진화하고 있다.

2. 급식 4.0…구내식당이 미식이 되는 순간

단체 급식의 진화에서 가장 눈에 띄는 흐름은 바로 미식화다. 임직원 만족도가 수주와 직결되는 구조로 바뀌면서 구내식당은 더 이상 '저렴한 밥 한 끼'로 평가되지 않는다. 오히려 기업 복지와 브랜드 가치를 보여주는 무대이자 임직원 만족도를 높이는 전략적 공간으로 자리매김했다. 이러한 변화는 단체 급식이 단순 배식(1.0)에서 위탁 운영(2.0)을 거쳐 대기업 중심의 안정화 단계(3.0)를 지나 미식, 브랜드, 건강, ESG(환경·사회·거버넌스), 디지털을 아우르는 '급식 4.0' 시대로 접어들었음을 보여준다.

① CJ프레시웨이—스타 셰프와 함께한 '더 미식 테이블'

CJ프레시웨이는 단체 급식의 미식화를 가장 적극적으로 실험하고 있는 기업 중 하나다. 2025년에는 '더 미식 테이블'이라는 캠페인을 통해 외부 스타 셰프와 협업한 특별 메뉴를 구내식당에서 선보였다. 특히 <흑백요리사>로 유명해진 윤남노 셰프가 직접 조리한 '우마카세 된장갈비'는 화제를 모았고, 현장 참여형 이벤트

CJ프레시웨이가 운영하는 간편식 테이크아웃 코너 스낵픽
(사진_업체 제공)

로 임직원들의 만족도를 크게 끌어올렸다. 이 외에도 미쉐린 스타 한식당 '윤서울'의 김도윤 셰프, 빕 구르망 선정 식당 '진중우육면관'과의 협업으로 수준 높은 한식·중식 메뉴를 도입하며 구내식당을 미식 공간으로 탈바꿈시켰다. 또한 테이크아웃 코너인 '스낵픽' 코너를 통해 '코끼리베이글', '서울페이스트리', '태극당' 등 인기 브랜드의 제품을 선보이며 구내식당 서비스 방식을 다각화했다.

② **현대그린푸드**—맞춤형 건강식 중심의 프리미엄 전략

현대그린푸드는 건강식 중심의 프리미엄 전략을 내세우고 있다. 당뇨·비만 환자를 위한 맞춤형 식단, 고령층과 유·아동을 위한 연화식 등 세대별, 질환별 특화 메뉴를 개발하며 '라이프핏형 급식'이라는 새로운 카테고리를 만들고 있다. 단체 급식 현장에 자사 건강식 전문 브랜드 '그리팅'을 접목한 '그리팅 오피스'를 운영하며 급식장에 상주하는 영양사가 고객의 체성분과 건강 상태를 분석해 맞춤형 케어 푸드 식단을 제공한다. 또한 시니어 맞춤형 식사 수요에 대응하기 위해 케어 푸드 식단 브랜드 '그리팅 웰스'를 출시해 병원, 요양 시설 등에서 활용할 수 있도록 반조리 식자재 형태로 공급하고 있다. 한편 현대그린푸드는 국산 농수산물의 우수성을 알리고 소비를 촉진하는 동시에 건강하고 지속 가능한 식사를 제공하려는 취지로 지역 상생 캠페인 '맛-닿음 프로젝트'를 진행하기도 했다. 이를 통해 충남 서산 해풍 감자, 전남 무안 고구마 등을 활용한 메뉴를 특별 편성하고 로컬 상생의 가치를 급식에 접목시켰다.

③ **삼성웰스토리**—글로벌 셰프와 브랜드가 구내식당으로

삼성웰스토리의 크리에이티브키친(사진_업체 제공)

삼성웰스토리는 국내를 넘어 글로벌 외식 브랜드와 협업하며 급식의 품격을 높였다. 영국 출신의 세계적 셰프 고든 램지의 '스트리트 버거'를 구내식당에서 직접 제공해 직장인들이 일상 속에서 글로벌 다이닝을 경험할 수 있도록 했으며, '이치란라멘'이나 '하이디라오' 같은 해외 유명 브랜드와 함께 메뉴를 구성하고 새로운 미식을 경험하는 혁신적인 코너인 '크리에이티브 키친'을 운영하기도 했다. 이를 통해 유명 셰프나 외식 브랜드, 라이프스타일 브랜드와 컬래버레이션하는 시즌 한정 메뉴를 꾸준히 선보였다. 크리에이티브 키친 시즌 1에서는 연남동 '니시무라멘'의 니시무라 셰프와 <흑백요리사>에 출연한 조은주 셰프 등이 참여해 각각 자신의 정체성을 살린 특별한 파스타를 소개했다.

④ **아워홈**—'플렉스 테이블'로 확장하는 외식 경험

아워홈은 차별화 전략의 일환으로 '플렉스 테이블' 프로젝트를 확대 추진했다. 유명 셰프를 초청해 만든 즉석 요리나 인기 외식 브랜드와 협업해 개발한 특별 메뉴를 선보이고, 팝업 스토어를 개최하는 등 차별화된 서비스를 통해 고객 만족도를 높이는 데 목적을 두고 있다. 이를 통해 '만족오향족발'의 족발 정식을 비롯해 '팀홀튼'의 도넛, '유가네닭갈비'의 닭갈비, '아비꼬'의 카레 정식 등 잘 알려진 외식 브랜드 메뉴를 구내식당 식단에 도입했다. 이러한 시도는 단체 급식 메뉴의 고정관념을 깨뜨리고 직장인들이 사내에서 외식 브랜드와 동일한 경험을 할 수 있게 했다는 점에서 긍정적 평가를 받고 있다.

⑤ 푸디스트—'더 미식 로드'를 통한 외식 브랜드 도입

푸디스트는 B2B(Business to Business: 기업 간 거래) 식자재 유통 역량을 기반으로 '더 미식 로드' 프로그램을 운영하며 외식 브랜드의 시그니처 메뉴를 단체 급식 현장에서 선보였다. '두끼떡볶이', '명랑핫도그', '23번지남산돈까스', '에머이' 등 대중적 인지도가 높은 브랜드와 협업해 메뉴를 제공한 결과, 식당 이용률이 평균 25% 이상 증가했다. 단순 이벤트가 아니라 체계화된 상품 공급 구조로 확장했다는 점에서 구내식당의 미식화는 물론 '외식 급식화'를 제도적으로 뒷받침한 사례로 꼽힌다.

푸디스트 구내식당에서 진행된 차이797 컬래버레이션 브랜드 데이
(사진_업체 제공)

이처럼 단체 급식 현장에서는 셰프 컬래버레이션, 외식 브랜드 협업, 테이크아웃 팝업까지 다양한 시도가 동시다발적으로 일어나고 있다. 각각의 방식은 다르지만 공통점은 분명하다. 구내식당을 단순한 급식 공간이 아닌 '외식 경험의 장'으로 만들고 있다는 점이다. 런치플레이션으로 외부 점심값이 오르자 직장인들은 다시 구내식당을 찾기 시작했고, SNS와 익명 커뮤니티에서는 구내식당의 메뉴와 만족도가 실시간으로 공유되었다. 한 끼의 품질이 기업 복지 만족도로 직결되는 시대가 됐으며 경험 경쟁의 장이 되었다.

3. 외식과 급식, 하나의 시장으로

최근 단체 급식 시장은 외식 불황과 정반대의 흐름을 보이며 구조적 성장을 증명했다. 군부대, 공항, 병원, 기업체 등의 안정적 수요가 뒷받침되는 가운데 셰프 초청 행사, 외식 브랜드 협업, 프리미엄 특식 제공 등 미식화 전략이 활발히 전개되면서 구내식당은 복지와 브랜드 경험의 장으로 진화했다. 향후 이 흐름은 어디로 향할까, 그리고 외식업계는 어떻게 대응해야 할까?

우선 가장 크게 드러나는 흐름은 **▲구내식당의 브랜드화**다. 지금까지는 외부 유명 브랜드나 스타 셰프의 메뉴를 도입하는 방식이 중심이었지만, 앞으로는 급식 기업 스스로 독자적인 미식 브랜드를 만들어낼 가능성이 크다. 이미 일부 업체들은 구내식당을 새로운 메뉴 실험의 장으로 활용하고 있다. 이는 단순히 외부 브랜드를 불러들이는 수준을 넘어, 임직원을 대상으로 한 **▲B2E 다이닝의 고도화 과정**이다. 기업은 구내식당을 통해 B2E(Business to Employee: 기업과 직원 간 거래) 다이닝을 강화해 직원들에게 복지 이상의 가치를 제공하는 동시에 고유의 식문화 아이덴티티를 구축할 것이다.

다음으로 주목할 만한 변화는 **▲건강과 맞춤화의 본격적인 대중화**다. 고령화사회의 가속과 만성질환 관리 수요 증가는 단체 급식의 방향을 건강식 중심으로 이끌고 있다. 현대그린푸드가 이미 당뇨·비만 맞춤식, 연화식 등 특수식 개발에 나선 것은 그 전조다. 앞으로는 헬스케어 기업이나 보험사와 제휴해 '예방의학적 식단 프로그램'을 구내식당에 도입할 수 있다. 이는 급식의 범주를 넘어선 웰니스 플랫폼으로의 확장을 의미하며, 외식업체 역시 이러한 흐름을 참고해 웰빙 메뉴 라인을 강화해야 할 것이다.

군 급식 시장은 업계의 새로운 격전지다. 2024년부터 대기업도 군 급식 입찰에 참여할 수 있게 되면서 경쟁이 치열한 상황. 2025년 약 15%에 불과한 민간 위탁 비율은 2026년 이후 점진적으로 확대될 가능성이 크다. 이는 업계 전체에 '제로섬' 경쟁을 불러오겠지만, 그와 동시에 안정적인 수요와 예측 가능한 수익 구조를 제공하는 새로운 기회이기도 하다. 단순 가격 경쟁만으로는 수주를 보장할 수 없는 시대인 만큼 브랜드 가치, 특화 메뉴, 친환경 식자재 활용 등의 ESG 경영 등이 핵심 무기로 부상할 것이다. 외식업체 역시 군이나 공공기관의 진출을 위해 급식사와 파트너십을 고려할 수 있다.

공항, 병원, 캠퍼스 등 컨세션 시장은 단체 급식과 외식이 만나는 접점이다. 인천공항의 '고메브릿지' 푸드코트처럼 다양한 브랜드를 집약한 미식 허브 모델은 다른 산업 단지와 대학 캠퍼스로 빠르게 확산될 전망이다. 이는 외식업체에도 중요한 기회를 제공한다. B2C(Business to Consumer: 기업과 소비자 간 거래) 시장에서의 브랜드 파워를 그대로 B2B 영역으로 확장할 수 있는 장이 열리고 있기 때문이다. 앞으로는 **▲컨세션 속 외식과 급식의 경계가 무너지는 현상**이 더욱 가속화될 것이다.

또 하나의 중요한 축이 **▲지속 가능한 급식**이다. 식자재 단가 상승과 ESG 요구가 동시에 높아지는 상황에서 단체 급식 업계에서는 지속 가능 해산물, 대체 단백질, 친환경 포장재를 도입하며 지속 가능한 단체 급식 모델을 실험할 가능성이 크다. 해외에서는 이미 학교·병원 급식에 탄소 중립 메뉴를 도입하는 사례가 늘어나고 있으며, 한국 역시 제도적 변화가 뒤따를 수 있다. 이는 외식업체에도 시사점을 준다. 지속 가능한 메뉴와 친환경 운영은 이제 B2B 고객을 확보하기 위한 필수 전략으로 자리 잡을 것이다.

끝으로 자동화와 인공지능(AI) 등 **▲첨단 기술의 도입**이 급식 운영의 패러다임을 바꿀 것으로 전망된다. 모바일 배식 앱, 여러 조리 공정을 지원하는 로봇 솔루션, 영양·건강 데이터 연동 등 시스템의 효율화 및 고도화는 결국 단체 급식을 고부가 가치 산업으로 성장시키는 핵심 자원이 될 것이다. 또한 AI 기반 메뉴 추천을 통해 직원 개개인의 선호와 상태를 반영한 '초개인화 급식'을 위한 연구도 지속되고 있는데 이는 단체 급식이 데이터를 기반으로 한 웰니스 서비스 산업으로 진화하고 있음을 의미한다.

외식 불황의 여파 속에서 역설적으로 오히려 성장한 단체 급식은 외식업계의 경쟁 산업이 아니라 긴밀히 연결된 새로운 기회의 장이 되고 있다. 구내식당에서 시작된 미식화의 물결은 곧 외식 전반으로 확산될 것이며 외식 트렌드를 주도하는 핵심 키워드로 자리매김할 것이다. ●

2026 카페 & 디저트 트렌드

CHAPTER 07.

지난 2025년 카페 & 디저트 업계는 빠른 변화보다는 양극화와 획일화가 더 분명한 해였다. 외식업 전반의 불황이 심화되는 가운데, 포화상태에 달한 카페 시장은 2024~2025년, 점포 수 감소라는 신호를 보이며 성장 국면을 마감했다.
그 결과 업계에서는 생존을 위해 보수적인 길만 택하는 경향을 보이게 됐다.
대형 프랜차이즈와 초저가 브랜드는 규모와 효율을 앞세워 버텼지만, 다수의 독립 카페와 중간 지대의 브랜드는 수익의 압박 속에서 정리되거나 동일한 성공 공식을 반복하는 방식으로 대응했다. 메뉴 구성, 공간 연출, 가격 전략까지 비슷해지며 개성보다는 검증된 모델을 따르는 흐름이 시장 전반을 지배했다. 이러한 구조 속에서도 카페와 디저트는 여전히 소비자의 일상에서 가장 빈번하게 선택되는 외식 카테고리로 남았다. 다만 소비가 줄어든 것이 아니라 더 까다로워진 것이고, 경험이 줄어든 것이 아니라 더 계산적인 선택을 하기 시작한 것이다.
소비자는 더 이상 트렌드를 따라가기보다 자신의 기준에 맞는 선택지를 선별한다.
가격에 대한 민감도는 높아졌고, 동시에 품질과 경험에 대한 기대치도 함께 상승했다.
이에 따라 시장은 양적으로 팽창하기보다는, 기능과 역할이 명확한 방향으로 재편될 것으로 보인다. 카페와 디저트는 '많이 소비되는 것'이 아니라, '의미 있게 선택되는 것'이 된다.
특히 2026년에는 맛, 건강, 문화적 맥락, 감정적 만족이 분리되지 않고 하나의 소비 판단으로 통합되는 흐름이 강화될 전망이다. 이는 일시적 유행이나 콘셉트 차용만으로는 지속성을 확보하기 어렵다는 신호이기도 하다. 트렌드는 더 느리게 형성되지만, 한 번 자리 잡으면 오래 유지되는 형태로 바뀌며, 플레이어에게는 더 높은 기획력과 실행력이 요구된다.

1. 빵플레이션

2025년 하반기, 경제 유튜버 '슈카'가 '글로우서울'과 합작해 성수동에 연 'ETF베이커리'는 단숨에 화제를 모았다. 시중에서 3000~4000원에 판매되는 소금빵을 990원에 내놓으며 빵플레이션(빵+인플레이션) 문제를 정면으로 건드린 것이다. 의도는 단순했다. 복잡한 유통구조 속에서 가격이 왜곡된 국내 베이커리 시장의 불합리를 개선하고, 소비자에게 합리적인 가격의 빵을 보여주겠다는 것이었다. 그러나 결과는 예상과 달랐다. "자영업자들이 폭리를 취하고 있다"는 오해를 불러일으켰다는 업계의 거센 반발이 뒤따르며, 결국 슈카는 사과와 함께 팝업 스토어 운영을 중단해야 했다.

ETF베이커리에서 판매한 990원 소금빵

이 사건은 단순히 한 유튜버의 가격 실험으로 끝나지 않았다. 소비자들은 이번 논란을 계기로 '빵값은 왜 이렇게 비쌀까'라는 질문을 본격적으로 던지기 시작했다. 실제로 글로벌 통계에 따르면 한국의 식빵 가격은 조사 대상 127개국 중 10위로 아시아 국가 가운데 가장 높은 수준이다. 하지만 주요 제빵업체의 영업이익률이 1%대에 불과하다는 점을 고려하면 단순 폭리라고 보기 어렵다. 밀, 설탕, 버터 같은 원재료를 대부분 '일부 업체'의 수입에 의존하는 구조, 높은 관세와 과점 시장, 임대료와 인건비 부담, 우유와 달걀 등 원재료 가격 책정 방식과 제도적 규제 등이 얽히며 가격이 올라간다는 것이 업계의 설명이다. 하지만 소비자의 인식은 달라졌다. ETF베이커리 사태 이후 빵뿐 아니라 커피 원두 가격 논쟁까지 번지며, "이 가격이 정말 정당한가?"라는 질문이 외식업 전반의 새로운 화두로 부상했다. 특히 빵이 더 이상 단순한 디저트가 아니라 아침 식사 대용으로 자리 잡으며 주식화되는 과도기적 단계에 접어들면서, 가격의 정당성과 공급망의 투명성은 더욱 민감한 사회적 이슈가 되었다.

결국 이번 사건은 한국 카페·디저트 시장이 2026년 맞이할 새로운 흐름을 보여준다. 소비자는 맛과 브랜드를 넘어 가격 형성 과정과 유통구조의 투명성까지 요구하는 '검증자'로 진화하고 있다. ETF베이커리가 남긴 파장은, 앞으로 카페와 베이커리가 신뢰를 얻기 위해서는 맛과 공간, 브랜드 스토리에 더해 가격의 정당성을 어떻게 증명할 것인가라는 질문에 답해야 한다는 점을 분명히 보여준다. 이에 향후 베이커리 시장은 **▲초저가 베이커리와 프리미엄 디저트가 공존하는 양극화**가 더욱 심화될 것으로 보인다. 한쪽에서는 효율적 공급망과 가격 경쟁력을 무기로 한 초저가 전략으로, 다른 한쪽에서는 고급 원재료와 품질을 강조한 프리미엄 전략으로 소비자를 끌어들이며 중간 가격대 브랜드의 입지는 점점 좁아질 가능성이 크다. 동시에 소비자들의 관심은 단순한 맛과 브랜드를 넘어 **▲가격 형성 과정의 정당성과 투명성**으로 확장되고 있어, 원산지·원가 공개나 직거래 기반 공급망 등 가격의 근거를 명확히 제시하는 브랜드가 신뢰를 얻고 시장에서 경쟁력을 확보할 전망이다.

2. 베이커리 투어리즘

지역의 베이커리를 단 한 곳만 방문하는 것이 아니라 그 지역에 모여 있는 유명한 빵집을 차례차례 찾아다니며 이른바 '도장 깨기'를 하듯 즐기는 빵지순례가 여행의 필수 코스이자 목적이 되기도 한다. 단순히 빵을 먹는 행위를 넘어 지역과 연결된 스토리와 경험을 소비하는 트렌드로 확장된 것이다. 이러한 흐름의 배경에는 SNS 인증 문화, 로컬리즘 확산, 그리고 빵을 주식과 간편식으로 받아들이는 식문화 변화가 자리한다.

서울 마포구 망원동은 대표적인 베이커리 성지로 '어글리베이커리', '후와후와', '투떰즈업', '브릭베이글' 등 동네 전체가 하나의 투어 코스로 이어져 있다. 동작구

빵도동 축제 포스터(사진_동작구)

상도동도 떠오르는 빵지순례 골목으로 개성 있는 소규모 베이커리들이 모여 주말마다 외부 방문객이 몰리고 있다. '빵도동'으로 주목받는 이곳에서는 동작구 주최로 '빵도동 축제'도 열린다. 대전은 '성심당'이 전국적 인지도를 얻으면서 도시 전체가 '빵의 성지'로 인식되었고, '빵빵도시'라는 도시 브랜딩을 펼치고 있다. 군산은 '이성당'이 도시의 상징으로 자리 잡으며 다른 로컬 베이커리까지 함께 성장하는 효과를 만들어냈다. 천안은 호두과자로 대표되는 오랜 제빵의 역사가 있는 곳으로 '뚜쥬르'가 지역 대표 베이커리로 떠오르며 빵의 도시로 주목받고 있다. 천안시는 지역 명물 빵집들의 위치와 대표 메뉴를 수록한 '빵소지도'를 펴냈다.

각 지역의 대표 베이커리가 방문객을 끌어들이면, 그 파급 효과가 주변 상권으로 확산되어 체류 시간이 늘어나고 소비가 확대되는 선순환이 발생한다. 성심당, 이성당, 뚜쥬르처럼 특정 베이커리가 도시 전체의 이미지를 바꾸고 관광자원으로 자리매김한 사례는 베이커리 투어리즘의 상징적 의미를 드러낸다. 빵지순례 트렌드가 생겨난 이후 '지역성'과 '고유성'을 지킨 로컬 베이커리의 매출은 꾸준히 증가했다. 하지만 지역을 벗어나 서울 및 도심으로 확장한 경우 희소성이 줄어들면서 매출과 화제성이 주춤해지는 양상을 보인다. "굳이 여기 와서 먹을 필요 없는" 대상이 되기 때문이다. 서울의 유명 빵집도 마찬가지다. 주요 상권과 백화점으로 확장 출점한 브랜드는 희소성과 화제성 하락이 필연적이다. 베이커리 투어리즘의 지속 가능성은 확장과 규모의 성장보다 지역 고유의 맥락과 장소성을 어떻게 지켜내는가에 달려 있다. 소비자들이 "그 지역에서만 경험할 수 있는 특별함"을 계속 느낄 수 있을 때 비로소 장기적인 경쟁력이 확보될 것이다.

앞선 성공 사례들로 인해 많은 지자체가 지역 농산물과 특산물을 활용한 베이커리 상품을 만들어 지적재산권을 확보하고 명물화시키는 등 지역 베이커리 육성 및 지원 사업을 실행하고 있다. 하지만 '빵 축제'와 '빵 투어리즘'이 전국적으로 확산되면 오히려 소비자들이 유사한 경험에 지칠 수 있다. 차별화 포인트가 없다면 "또 빵지순례네"라는 식으로 외면받을 위험이 크다. 유행에 편승하는 일회성 이벤트로는 지속력을 담보하기 어려운 만큼 지속적인 품질관리와 농가 협업 등을 통한 로컬 식재료의 안정적 수급, 지역 차원의 스토리텔링을 꾸준히 이어가야 할 것이다.

3. 웰니스 스펙트럼

저당 : 달지 않게, 더 선명하게

최근 카페·디저트 업계는 "덜 달지만 만족감은 유지한다"는 저당(Zero/Low Sugar) 공식으로 메뉴 구조를 재정비했다. 프랜차이즈와 헬스케어 기업의 협업이 본격화되면서 비타민·유산균·프로틴을 결합한 저당 음료 및 디저트 라인업이 카테고리로 올라섰다. '엔제리너스는' 종근당건강과 함께 제로 슈거 베이스의 티와 에이드, 저당 콘셉트의 요거트와 프로틴 메뉴를 묶음으로 출시하며 카페 메뉴에서 저당을 고정 축으로 선언했다. 이는 단순한 당 저감이 아니라 기능성 원료와의 조합 설계까지 포함된 운영 방식이라는 점에서 시사점이 크다.

리테일 베이커리 채널도 저당 표기를 전면화했다. 파리바게뜨는 '파란라벨' 베이커리로 대표되는 건강 콘셉트를 음료까지 확장해 저당 요구르트 셰이크 등 여름 시즌 메뉴를 제시하며, 영양 밸런스를 브랜드 아이덴티티로 명문화했다. 카페와 베이커리 이원 채널에서 동시에 저당을 강조하는 흐름은 소비자 선택지의 기본값이 달라지고 있음을 보여준다. 유통 채널 매대 위의 과자, 음료수, 아이스크림 등도 저당과 제로를 내세운 제품의 비중이 점점 커지고 있다.

건강빵 : 풍성한 맛, 분명한 스펙

최근 베이커리 업계는 고단백, 식이성섬유, 유산균, 글루텐프리 등 '기능성 요소'를 강조하며 건강빵 시장 확대에 속도를 내고 있다. 한국농촌연구원의 조사 결과에 따르면 소비자들은 빵이나 떡 종류를 고를 때 가격보다 맛, 품질, 건강 등을 더 중요하게 생각하는 것으로 나타났다. '다양하고 새로운 맛'을 가장 중요한 기준으로 꼽은 응답자가 40.6%로 가장 많았고, 원료의 품질과 안전성(25.7%), 간편성(19.4%), 건강·영양(10.5%) 등이 뒤를 이었다. 반면, '저렴한 가격'을 선택한 응답자는 3.7%에 불과했다.

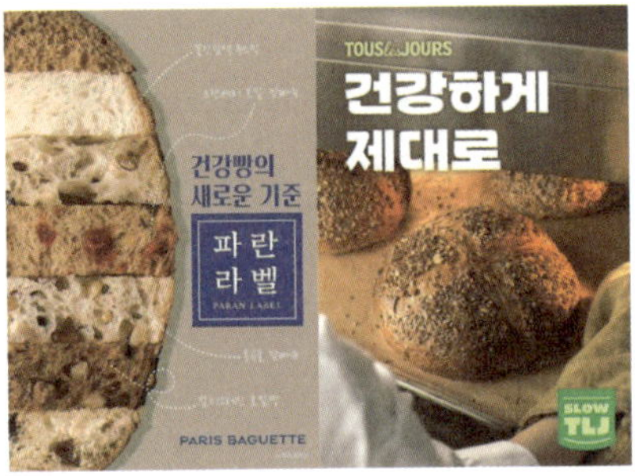

건강빵 라인업을 강화하는 베이커리 프랜차이즈
(사진_SPA삼립 & 뚜레쥬르)

이처럼 소비자들은 건강을 위해 기꺼이 더 높은 가격을 지불하는 경향을 보이고 있다. 국내 대표 베이커리 브랜드 파리바게트는 '파란라벨', 뚜레쥬르는 'SLOW TLJ'를 선보이며 건강빵 트렌드에 집중하고 있다. 향후 국내 식사빵 시장의 성장과 더불어 매일 먹어도 부담 없는 건강빵의 수요가 점차 확대될 것이란 전망에서다. 또한 기존에는 건강빵은 '맛이 없다'는 인식이 강했지만 최근에는 연구를 통해 건강빵 특유의 거친 식감을 개선하고 한국인이 좋아하는 부드러움과 촉촉함을 살린 기술을 개발하는 등 영양뿐 아니라 맛의 진화도 뚜렷하게 나타나고 있다.

플랜트 베이스 : 대체가 아닌 기본 선택지

카페의 비건 옵션과 비건 베이커리는 이제 '대체'가 아닌 상시 옵션으로 자리 잡았다. 세계 바리스타 챔피언십이 2023년부터 식물성 우유 사용을 허용한 뒤 국내에서도 라테 기본 옵션을 유연하게 열어두는 쪽으로 접점을 넓히고 있다. 각종 카페 및 디저트 산업박람회가 비건 원료 및 디저트 등을 아우르며 정기 개최되고, 출품 안내서에 "대체식과 식물성 기반"을 핵심 섹션으로 못 박을 정도로 관련 업계의 생태계가 커졌다.

이러한 흐름은 통계에서도 뒷받침된다. 한국비건인증원은 2025년 3월 기준 인증기업 1973개, 인증 제품 1만2279개를 공시해 인증 생태계의 저변 확대를 수치로 보여줬다. 거시적으로는 한국의 플랜트 베이스(Plant-based) 식품 시장이 2024년 2억2432만 달러에서 2033년 5억7567만 달러로 성장할 것이란 전망이 제시됐으며, 유제품 대체와 비건 베이커리 원재료의 B2B 침투 여지가 크다는 점도 확인되었다. 비건 옵션은 이제 일상적인 기본 선택지가 되고 있으며, 라벨 투명성과 원재료 조달 역량이 곧 경쟁력이 될 것으로 보인다. 불경기의 영향으로 가격대가 상대적으로 높은 비건 음식의 국내 성장은 둔화되어 있지만 비건 베이커리만큼은 성장세를 유지하고 있다. 고령층 증가와 저속 노화 추구 등의 건강 트렌드에 식사의 간편화 추세가 맞물려 비건 베이커리는 건강하고 편리한 선택지로 자리 잡고 있다.

4. 오리엔탈 플레이버

카페 및 디저트 트렌드에서 특정 플레이버의 유행은 항상 빠르게 뜨고 빠르게 사라졌다. 팬데믹 시기인 2021년에는 '집콕' 문화와 홈 카페 열풍이 겹치면서 달고나가 상징처럼 떠올랐고, 같은 해 '할매니얼' 코드의 흑임자가 떡을 넘어 라테, 소프트콘, 케이크로 번지며 '담백한 고소함'을 대중 취향으로 끌어올렸다. 2022년에 접어들면서 소금빵 전성시대가 시작됐다. 소금빵이 버터와 소금의 간결한 대비로 큰 인기를 얻은 데 이어 여름 시즌에는 달고 구수한 풍미의 초당 옥수수가 빙수, 타르트, 라테 등으로 퍼져나갔다. 이와 함께 피스타치오가 색, 향, 고소함을 앞세워 프리미엄 토핑과 크림의 표준처럼 자리 잡기 시작했다. 전통 디저트의 재해석이 전면에 나온 2023년에는 약과가 쿠키, 크루아상, 샌드 등과 결합하며 유행을 이끌었다. 2024년에는 이국적 비주얼과 독특한 식감, 청각적 효과까지 겸비한 두바이 초콜릿이 숏폼 트렌드와 함께 시장을 장악했다. 소금빵처럼 스테디셀러가 되는 경우도 있지만 대부분 일정 시기를 풍미하고 금세 소진됐다.

최근 카페 및 디저트 업계에는 한국과 일본을 축으로 한 '오리엔탈 플레이버'의 강세가 두드러진다. 그중에서도 웰니스를 상징하는 '말차'와 매콤달콤한 '스위시(Swicy)' 감각의 한국 고추장 등이 각각 차(茶) 문화와 발효라는 키워드로 메뉴를 재구성하고 있다. 특히 '말차' 플레이버는 최근 트렌드를 지배하다시피 했다.

미국의 말차 유행을 이끈 차차마차
(사진_차차마차)

말차의 유행에 불을 지핀 것은 미국이다. 뉴욕 소호와 노호 일대의 '12마차(12 Matcha)', '차차마차(Cha Cha Matcha)', '라 카브라(La Cabra)' 등의 카페에서 커피의 대체제로 말차를 내세우면서 장인 정신을 발휘해 만든 톡톡 튀는 팝 컬러의 말차를 틱톡 등 SNS에 노출시켰고 블랙핑크 제니, 두아리파 등의 셀럽이 소셜 미디어에서 말차를 즐기는 모습을 공유하며 주목받기 시작했다. 자동 커피 머신을 이용한 빠른 커피 제조로 인기를 끈 '블랭크 스트리트'는 딸기, 초콜릿, 바나나브레드 등 다양한 재료를 말차와 결합해 큰 인기를 끌며 말차의 대중화를 이끌었다. 이 같은 말차의 유행은 시대의 요구와도 맞아떨어진다. 웰니스 트렌드에 맞는 커피의 대체제, SNS에서 반복적으로 노출된 선명한 색감은 사진과 영상에서 즉시 인지되며 빠르게 공유되었다. 이 과정에서 소비자들은 맛보다 먼저 '보이는 색'을 통해 말차를 인식했고, 브랜드들은 이러한 시각적 반응성을 활용해 메뉴 구성과 패키지, 시즌 콘셉트 등을 확장했다. 또한 분말 재료라는 특성을 살려 라테, 프라페, 소프트콘, 베이커리, 주류 등으로 변주되면서 말차의 유행이 가속화되었다.

오히려 차 문화가 익숙한 국내시장에서 말차의 유행은 뒤늦게 불붙었다. 국내 소비자들에게 말차는 생소한 음료는 아니지만 잎차가 보편적인 데다 특유의 쌉쌀한 풍미는 접근성이 다소 떨어지는 것이었다. 하지만 최근 외식업계와 유통업계가 발 빠르게 이에 대응하면서 말차의 유행을 견인했다. 다양한 재료와 결합한 새로운 형태의 말차 음료와 더불어 말차로 만든 다채로운 디저트와 편의점 간식, 막걸리 등을 출시하며 접근성을 높인 것. 특히 말차 유행이 확산된 이후 선명한 그린 톤이 주는 시각적 효과가 SNS에서 강한 파급력을 발휘하며 유행을 더욱 가속화했다.

다만 걸림돌도 존재한다. 현재 전 세계 말차 공급망은 폭발적인 수요 증가로 불안정해진 상태다. 일본과 중국 등 제한된 지역에 생산이 집중돼 있는데다 기후변화와 농가 고령화가 겹치면서 수확량 변동이 잦아지고 있다. 그 결과 글로벌 수요를 따라가지 못하며 원료 품귀 현상이 반복되고 있다. 이로 인해 나타난 것이 가격 상승 압력이다. 세리머니얼 등급 말차의 경우 단기간에 가격이 몇 배씩 올라 원재료 의존도가 높은 카페와 브랜드에는 적잖은 부담으로 다가온다. 고급 이미지를 유지하려는 브랜드일수록 가격과 품질관리 사이에서 고민이 깊어질 수밖에 없다. 건강한 이미지와 달리, 카페인 함량 문제도 지적된다. 일반 녹차보다 1.5~2배가량 높은 카페인이 함유돼 있어 과다 섭취 시 불면, 속쓰림, 철분 흡수 저해 등의 부작용 가능성이 존재한다. '웰니스 음료'라는 서사가 자칫 과도한 섭취로 이어질 수 있다는 점은 소비자 교육과 안내가 필요한 대목이다.

말차는 한순간에 폭발적인 주목을 받은 만큼, 단기 유행의 리스크를 안고 있다. 특정 시기에 집중적으로 소비된 플레이버 트렌드가 빠르게 사라진 전례를 떠올리면 말차 역시 일시적 '밈 플레이버(Meme Flavor)'로 소진될 수 있다는 우려가 따른다. 한편 과잉 상업화의 그림자도 드리운다. 편의점, 제과, 프랜차이즈까지 경쟁적으로 말차 신제품을 내놓으며 접근성은 높아졌지만, 품질 격차가 커지면서 소비자 경험이 분산되고 있다. 이 과정에서 프리미엄 이미지가 희석되고, 진정성을 찾던 소비자들이 이탈할 가능성도 배제하기 어렵다.

말차의 대중화 이후 국내 카페 시장에서는 자연스럽게 새로운 대체 풍미에 대한 관심이 높아지고 있다. 특히 '호지차'는 로스팅된 향과 부드럽고 너티(Nutty)한 맛,

낮은 카페인 덕분에 웰니스 트렌드에 적합하면서도 라테나 식물성 우유와 잘 어울려 '넥스트 말차'로 주목받고 있다. 다음으로 부각되는 것은 '우롱차'다. 홍차와 녹차의 중간 풍미와 은은한 꽃향으로 인기를 얻으며 최근 '차백도', '더정 우롱티프로젝트', '공차' 등 대중적인 카페를 중심으로 확산되고 있다. 일본의 전통 음료인 '기나코'와 '겐마이차'는 곡물 기반의 따뜻한 풍미로 건강과 안락감을 동시에 전달한다. 오트밀이나 아몬드 밀크와 결합해 점차 메뉴화되는 추세다. 국내 카페·디저트 시장에서도 초록빛 말차의 바통을 이을 다양한 브라운 톤 풍미에 주목하고 있다.

5. 프리미엄 아이스크림

국내 아이스크림 시장이 2024년 이후 다시금 활력을 되찾고 있다. 특히 프리미엄 제품이 주도적 변화를 이끌고 있는데, 프리미엄 아이스크림 시장의 성장 배경에는 몇 가지 요인이 자리한다. 우선 소비자들의 건강과 웰빙 지향성이 강해지면서 저당, 저칼로리, 천연 재료 등을 활용한 제품에 대한 수요가 꾸준히 늘어난 것을 들 수 있다. SNS를 통한 공유와 브랜드 스토리텔링에 대한 관심이 높아지면서 미식적 경험과 감각적 즐거움을 함께 제공하는 제품이 인기를 끄는 것도 한몫을 한다. 콜드 체인 기술과 온라인 유통망의 발전으로 프리미엄 아이스크림에 대한 접근성이 좋아지고, 집에서도 간편하게 고급 디저트를 즐길 수 있는 환경이 마련된 것 역시 빼놓을 수 없다.

일상에서는 저가 커피를 마시더라도 주말이면 스페셜티 카페를 찾아가는 것처럼, 아이스크림에서도 '맛 이상의 경험'을 추구하는 경향이 뚜렷하다. 그래서 최근 두드러진 흐름이 '프리미엄화'다. 유지방 함량을 높이고 고급 원료를 사용한 제품, 저당·저지방·무유당 콘셉트의 건강 지향 아이스크림이 속속 등장하며 소비자 선택 기준이 가격에서 원재료의 질, 브랜드 철학, 건강성으로 이동하고 있다. 또한 색다른 플레이버와 창의적 조합, SNS에 공유할 수 있는 비주얼, 그리고 브랜드의 스토

벤슨아이스크림 클래식 4종(사진_벤슨)

리까지 즐기려는 소비자가 늘어나면서 프리미엄 아이스크림에 대한 인기가 높아지고 있다. 온라인 배송과 콜드 체인 발달, 백화점·프리미엄 매장 입점 등 유통 인프라의 개선으로 접근성이 좋아진 것도 성장세를 뒷받침한다.

한화갤러리아 자회사 베러스쿱크리머리가 론칭한 '벤슨(Benson)' 또한 프리미엄 전략을 명확히 한다. 벤슨은 국내산 유제품 사용과 더불어 유지방 비율을 시중 제품의 10%대보다 훨씬 높은 약 17%까지 끌어올린 아이스크림으로 화제를 모았다. 아이스크림 만들기 체험, 스타벅스 입점 등을 통해 프리미엄 고객 경험을 강조하고 있다. 한때 프리미엄 아이스크림의 상징이었으나 최근 실적 부진을 겪고 있는 '베스킨라빈스'는 과거 '31가지 맛'이라는 차별화 포인트가 강했지만, 현재는 다양한 선택지가 많아지면서 그 매력이 상대적으로 약화됐다. 이에 저당 제품, AI 도입, 오픈 이노베이션, 친환경 포장 및 원재료 강조 등으로 브랜드 고급화 및 차별화 전략을 추진 중이다. 또한 특화 매장을 열면서 맛, 비주얼, 고객 체험 전반에서 프리미엄 이미지를 강화하는 모습이다. 외식업계는 프리미엄 아이스크림에 깊이와 다양성을 더하는 역할을 한다. 셰프의 아이스크림으로 유명한 '아이스크림 소사이어티', 실험적 플레이버와 텍스처를 자랑하는 '젠제로', 비건 젤라토를 선보이는 '코코너즘' 등 다양한 업체가 각자의 정체성과 철학을 기반으로 새로운 미식적 경험을 제안하고 있다.

6. 이웃 나라의 간식

최근 중국과 일본, 가까운 이웃 나라의 간식 문화가 국내 카페·디저트 시장에 새로운 자극을 주고 있다. 중국은 차 문화를 앞세운 카페 브랜드와 이색 디저트 아이템으로, 일본은 대중문화 IP(지식재산권) 기반의 협업과 여행 후 재구매로 이어지는 경험 소비 트렌드를 통해 각기 다른 방식으로 소비자의 입맛과 감성을 공략하고 있다.

중국, 차 문화의 현대적 해석

중국의 카페 문화는 여전히 차(茶)를 중심으로 전개된다. 중국판 스타벅스로 불리는 '패황차희'를 비롯해 '미쉐', '차백도', '헤이티' 등 다양한 중국 차 브랜드들이 속속 국내시장에 진입하며 새로운 선택지를 제공하고 있다. 중국 카페 브랜드들은 전통적인 차 문화를 현대적으로 재해석한다. 우롱차·재스민차 같은 기본 메뉴는 물론, 치즈 폼을 얹은 흑차(黑茶), 과일을 넣은 프리미엄 티, 티와 우유를 결합한 '나이차(奶茶)'까지 다양하게 변주한다. 단순히 한 잔의 음료를 넘어, 차를 중심으로 한 라이프스타일을 제안하는 것이 특징이다. 이와 함께 수건케이크, 벽돌케이크, 또우화(豆花: 다양한 토핑을 얹은 두부푸딩) 같은 독창적인 디저트가 카페 및 편의점 간식 메뉴로 소개되며 호기심을 자극한다. 특이한 외형과 식감을 앞세운 이들 디저트는 이색적인 체험을 강조하는 중국식 디저트 문화의 진화를 상징한다. 향후에는 상하이를 중심으로 한 중국식 커피 문화도 국내에 유입될 전망이다. 기존에는 바리스타의 실력이나 원두 산지, 전문성이 커피의 기준이 되었지만, 중국은 여기에 자신들만의 해석과 경험을 더한 독자적인 커피 문화를 만들어가고 있다. 상하이 로컬 커피 브랜드 '산리팡(三立方)'이 독일 100년 전통의 그라인더 전문 브랜드 '말코닉(Mahlkönig)'과 손잡고 문을 연 더티 커피 전문점에서 선보인 '상하이 -86도'가 대표적이다. 모든 음료를 영하 86℃로 냉각한 전용 잔에 담아내는데, 디테일에서 비롯된 독특한 체험의 가치가 부각되어 상하이의 웨이팅 맛집으로 통한다.

중국 로컬 원두와 글로벌 로스터리를 결합해 커피의 중국적 해석을 제안하는 '시소(Seesaw)'는 중국 윈난성 원두의 가치가 높아지는 것에 발맞춰 새로운 스페셜티 시장을 열고 있다. 특히 윈난성(云南省)은 중국 커피 생산의 98%를 차지하며 아라비카 기반의 프리미엄 원두 생산지로 급부상 중으로 카페 문화뿐 아니라 커피 산지로도 주목받고 있다. 그 밖에도 저온 브루잉, 식물성 라테, 중화 디저트 페어링 등의 트렌드를 빠르게 흡수한 다채로운 중국의 커피 문화는 국내 카페 업계에 신선한 바람을 몰고 올 것으로 기대된다.

일본, 애니메이션·IP·여행 후속 소비로 소비자 공략

2025년 국내 박스 오피스 1위에 등극한 일본 애니메이션 <귀멸의 칼날> 콘셉트의 유포테이블 & 마치아소비 카페 홍대점

일본은 카페 브랜드의 직접 진출보다는 대중문화와 캐릭터 IP, 여행의 후속 소비를 연결하는 방식으로 국내시장을 파고든다. 2025년 극장판 영화 개봉과 함께 열풍을 일으킨 일본 애니메이션 <귀멸의 칼날>의 원화를 전시하면서 컬래버레이션 메뉴를 제공하는 서울 홍대 인근의 '유포테이블 & 마치아소비 카페'는 애니메이션 제작사에서 직접 운영하는 카페다. 일본에 본점을 두고 있는 애니메이션, 만화 관련 상품 판매 체인 '애니메이트 카페'도 홍대점의 문을 열었는데, 캐릭터 굿즈 전문 숍으로 캐릭터 IP를 활용한 컬래버레이션 디저트 및 음료를 판매한다. 아키하바라에서 시작된 메이드 카페 브랜드 '메이드리밍' 역시 홍대점을 오픈했다. 이들은 단순히 음료를 파는 공간이 아니라, 체험형 엔터테인먼트 카페로서 특정 마니아들의 방문을 이끈다. 서울 명동의 '헬로키티 애플카페'와 홍대 인근의 '시나모롤 스위트카페'도 캐릭터 디저트와 굿즈 판매를 결합해 팬덤을 끌어모은다.

애니메이션, 게임 같은 서브컬처 기반의 '덕후 문화'는 경기 침체에도 비교적 타격이 적다. 특정 작품과 캐릭터에 대한 애정은 자신의 정체성과 취향을 확인하는 행위이기 때문이다. 굿즈와 컬래버레이션 메뉴 같은 소액, 반복 소비는 불황기에도 꾸준히 이어지며 팬덤 특유의 충성도는 안정적인 수요를 뒷받침한다. 이 때문에 유통업계와 외식업계가 불경기의 돌파구로 애니메이션·캐릭터 IP 카페와 팝업 스토어를 잇달아 도입하는 배경이 된다.

편의점업계는 젊은 층을 중심으로 활성화된 일본 여행의 후속 소비를 주도한다. 세븐일레븐, CU, GS25 등은 일본 세븐일레븐의 PB 디저트와 인기 간식을 직접 소싱하며 적극적으로 여행의 향수를 자극한다. 대표적인 예가 일본 현지에서만 맛볼 수 있던 '오하요 저지푸딩'과 '홋카이도 수플레푸딩', '슈거버터 샌드트리' 등이다. 홋카이도 지역 특산 감자를 통째로 구워낸 현지 인기 제품을 그대로 들여온 '나투라스 통감자'는 국내에 상륙하자마자 폭발적인 반응을 이끌었다. 실제 조사에서도 일본을 여행한 소비자의 절반 이상이 과자, 푸딩 같은 식료품을 주요 구매 품목으로 꼽은 것으로 나타나 현지 경험을 국내에서 다시 소비하려는 경향을 확인할 수 있었다. ●

슬로징(Slow-ging) 외식

CHAPTER 08.

고령화가 일상화된 시대의 건강 트렌드는 치료보다 예방에 초점이 맞춰지고 있다. 젊은 세대의 다이어트나 운동에 대한 관심도는 갈수록 커지고 있으며 알레르기 검사, 유전자 검사, 마이크로바이옴 분석 같은 과학적 접근으로 자신에게 맞는 음식과 영양소를 찾는 일도 많아지고 있다. 나이가 들어서야 건강을 돌보던 과거와 달리, 요즘 세대는 젊을 때부터 과학적 데이터에 기반해 스스로 건강을 관리하려는 특징이 있다. 이러한 흐름 속에서 항산화 식재료, 단백질·콜라겐 강화식, 발효식품 같은 메뉴가 각광받고 있으며 외식업계에서도 현대인이 요구하는 건강관리에 눈높이를 맞추는 것이 중요한 경쟁력이 됐다. 즉, 질병이 발현된 뒤 치료하는 것이 아니라 생활 전반에서 과학적으로 관리하며 노화의 속도를 늦추려는 새로운 라이프스타일, '슬로징'* 이 강조되고 있다.

***슬로징(Slow-ging)** : Slow(천천히)와 Aging(노화)의 합성어. 노화의 속도를 늦추는 식생활 및 생활 방식 전반을 아우르는 개념

1. 슬로징, 일상이 되다

과거의 안티에이징 담론이 의학적 치료나 화장품 중심으로 이루어졌다면, 이제는 식습관 자체가 노화를 늦추는 예방의 수단으로 주목받고 있다. 소비자들은 젊음과 건강을 동시에 유지하기 위한 방식을 일상 속에서 찾고 있으며 이는 외식업계에도 새로운 흐름을 만들어내고 있다. 실제로 명품 가방이나 고급 자동차보다 실제 나이보다 어려 보이는 피부와 생물학적 나이가 새로운 사회적 지위의 상징이 되면서 건강한 식습관과 선택은 곧 '자기표현'과 '과시의 수단'으로 확장되고 있다.

고가에도 불구하고 셀럽 마케팅으로 인기를 얻고 있는 에러헌의 유기농 스무디(사진_에러헌)

글로벌 스타들이 즐겨 찾는 곳으로 알려진 미국의 유기농 식품점 '에러헌(Erewhon)'은 고가에도 불구하고 젊은 층의 큰 관심을 받고 있다. 특히 이곳에서 판매하는 유기농 스무디가 헤일리 비버, 켄들 제너 같은 Z세대의 롤 모델로 통하는 셀럽에 의해 소개되면서 현지인은 물론 여행객들 사이에서 필수 코스로 통하고 있다. 이곳 스무디의 가격은 한 잔에 20달러 이상, 한화로 3만 원이 넘는다. 미국 역시 고물가 여파로 소비가 위축된 가운데 고가의 스무디 열풍은 이례적인 현상이다. 여기에는 자기관리가 뛰어난 셀럽들의 라이프스타일에 대한 동경도 담겨 있으며 스무디는 접근 가능한 모방의 대상이라 할 수 있다. 또한 건강식품에 대한 수요도 깔려 있다. 실제로 미국 유기농 시장의 매출은 점차 성장하고 있는데 식품은 그 중심에 있다. 에러헌은 꾸준히 셀럽과 협업해 건강 성분을 담은 23달러의 스무디를 출시하며 '프리미엄 웰니스'의 상징으로 떠올랐다.

영국의 식품·패션 소매업체 막스 & 스펜서(Marks & Spencer)는 '두뇌 음식(Brain Food)', '활성화(Revitalise)' 같은 라벨을 붙인 기능성 스무디 라인을 선보였고, 프리바이오틱스 음료 브랜드 '올리팝(Olipop)'과 '포피(Poppi)'는 저당 이미지와 감각적인 패키지로 젊은 세대의 일상 속 음료로 자리매김했다. 심지어 미국의 프리미엄 생수 브랜드 '리퀴드 데스(Liquid Death)'는 생수를 맥주처럼 디자인해 건강을 위해 술을 멀리하는 젊은 세대들에게 술 없이도 파티를 즐길 수 있다는 점을 강조했다. 용기가 플라스틱이 아닌 알루미늄 캔이라는 점도 기후 위기에 관심이 많은 Z세대의 마음을 사로잡았다는 분석이다. 이처럼 경기 침체에도 오히려 웰니스 산업이 부상하는 이유는, 건강에 대한 투자 자체가 삶을 유지하기 위한 '필수 소비재'로 자리 잡았기 때문이다.

K-저속 노화 : 혈당과 저당에 사로잡히다

국내시장에서는 웰니스가 반드시 고가 제품에서만 나타나는 것은 아니다. MZ세대를 중심으로 식습관 자체를 자기 관리와 표현의 수단으로 삼는 경향이 두드러진다. 요즘의 MZ세대는 고단백·저당 메뉴, 채식·비건 지향, 발효식품 같은 전통 재료의 재해석 등 건강을 위한 일상 속 선택을 통해 웰니스 라이프스타일을 드러낸다. 과거에는 단순히 체중 감량을 위한 다이어트가 유행했다면 이제는 '지속 가능한' 식단과 장기적인 건강 관리에 초점을 맞춘 식습관이 확산되고 있다. 이는 환경과 윤리에 대한 관심, 삶의 질을 중시하는 가치관, 그리고 건강 수명을 연장하려는 사회적 분위기가 맞물리면서 나타난 변화다.

최근 국내 식품 외식 시장은 '저속 노화' 키워드가 휩쓸었다고 해도 과언이 아니다. 혈당 지수가 낮은 탄수화물, 항산화 채소와 단백질 강화식, 콜라겐 디저트, 발효 기반 메뉴까지 노화를 늦추는 데 도움을 준다고 알려진 식품들은 카페와 레스토랑, 편의점 푸드까지 빠르게 확산되었다. 특히 국내 슬로징 식단의 핵심은 **▲혈당**이다. 특히 한국인은 여전히 주식으로 밥을 선호하기에 한식에서는 밥의 변주를 중심으로 식탁의 변화가 나타나고 있다. 탄수화물을 극도로 줄이는 기존의 다이어트와는 달리 영양을 골고루 섭취하되 더 건강한 방식을 택하는 식이다. 백미 대신 혈당 지수가 낮은 잡곡밥을 선택하거나 곤약, 콜리플라워 라이스 등 저칼로리 식재료로 만든 식품이 밥 역할을 대신하기도 한다. 외식에서의 접근성도 높아졌다. 특히 건강한 식단을 추구하는 이들을 위한 '한식' 공간이 늘어났다. 대표적인 도시락 업체 '한솥도시락'의 2024년 조사에 따르면 흰쌀밥 대신 현미밥으로 변경해 주문한 건수가 동기 대비 약 52% 증가한 것으로 나타났다. 이러한 변화에 발맞춰 한솥도시락은 멥쌀, 흑미, 현미, 찰보리, 귀리 등 열두 가지 곡물을 혼합한 12곡밥을 새로 도입하기도 했다.

국내 슬로징 식단의 핵심은 혈당 관리다. 키토김밥으로 유명한 식물원 김밥

흔한 외식 메뉴인 김밥 역시 건강식으로 진화하고 있다. 국내 여러 지점이 있는 '뚠뚠이김밥'은 하루 두 번 매장에서 직접 도정기를 이용해 비타민과 인, 칼륨 등 영양소가 풍부한 5분도 현미를 도정해 밥을 지어 김밥을 싼다. 일반 김밥 전문점에서 밥 대신 달걀을 넣은 '키토김밥'은 이제 필수 메뉴가 됐고, 오로지 키토김밥만 판매하는 전문점도 상당수다. '밥 얇게'를 선택지로 두어 탄수화물 절제 추세를 따라가는 경우도 많다. 키토김밥은 달걀을 얇게 부쳐 잘게 썬 것을 밥 대신 채우는데 서울 서초동의 '흑미원조2018 식물원김밥', 신세계 강남점에 자리한 <흑백요리사> 장호준 셰프의 '에그롤린' 등 달걀찜같이 부드럽고 촉촉한 식감을 살린 키토김밥이 인기를 얻으며 건강 김밥 분야가 다채롭게 분화하고 있다. 건강한 한식 비빔밥을 주 메뉴로 선보이는 브랜드 '슬림비빔밥'은 단순히 칼로리만 제한하기보다 영양소를 골고루 섭취할 수 있는 메뉴를 선보인다. 달걀 70%, 밥 30%로 조정한 키토비빔밥을 비롯해 콜리플라워비빔밥, 곤약떡볶이, 두부를 채운 유부초밥 등 맛과 건강을 모두 챙길 수 있는 타협점의 메뉴를 선보인다.

곡물의 대체 같은 식재료 차원에서의 변화뿐만 아니라 최근에는 설탕을 줄이거나 다른 감미료로 바꾸는 **▲당(糖)**의 대체 흐름도 두드러지게 나타나고 있다. 혈당 관리와 건강을 중시하는 소비자가 늘면서 저당·무가당 제품에 대한 수요가 확대되고, 외식 브랜드 역시 이 변화를 적극 반영하는 모습이다. 동대문엽기떡볶이가 선보인 '저당엽떡' 메뉴가 대표적인 사례로, 기존 떡볶이의 강한 매운맛과 중독성을 유지하면서도 설탕 사용을 줄여 당 부담을 낮췄다. 이는 저당 트렌드가 더 이상 샐러드나 건강식에 국한되지 않고, 고당·고자극 메뉴로 인식되던 대중 외식까지 확장되고 있음을 보여준다. 결국 저당은 '맛을 포기하는 선택'이 아니라, 기존 메뉴를 재해석하는 새로운 기준으로 자리 잡고 있다.

웰니스와 미식의 교차점, K-발효

건강을 중시하는 웰니스 흐름 속에서 발효 음식은 새로운 주역이 되었다. 최근 '한국의 장 담그기 문화'가 유네스코 인류무형문화유산에 등재되면서 프랑스 한국문화원에서는 '유네스코 유산 장 종가와 사찰의 한식을 꽃피우다!'라는 슬로건의 공식 행사가 열렸다. 한국 전통 발효식품의 장인을 대표하는 두 인물 기순도 명인(대한민국 식품명인 제35호, 양진재 종가의 장 전승자)과 사찰 음식 수행자이자 글로벌 사찰 음식 전도사인 정관스님이 주축이 되어 전통 장 담그기와 장 가르기 시연, 종가 9첩 반상과 발우공양 전시 등을 진행하며 한국 발효 문화의 깊이와 가치를 세계 미식 전문가들에게 전달했다. 또한 연계 행사로 영국 브리스톨에서 한식 기반의 영감을 요리로 표현하는 위지(Wizzy) 셰프와 두 전승자(기순도 명인·정관스님)가 협업한 팝업 행사도 열렸다. 이곳에서 선보인 발효 밥상의 음식은 모두 기순도 명인의 장으로 간을 맞춰 370년 종가의 비법을 담았으며, 정관스님의 손을 거쳐 사찰 음식의 지혜를 투영했다. 여기에 글로벌 감각을 지닌 셰프를 통해 유럽의 식재료와 한식의 기법을 접목해 한국 발효 음식 문화의 정신을 브리스톨 현지에 깊이 있게 전달했다.

한식 전통 장류를 재해석한 고추장·쌈장 소스 등을 선보이는 케이첩(K-CHUP) (사진_케이첩)

이처럼 수천 년 이어온 장류와 김치, 전통주와 발효차 등 발효식품은 한식이 세계와 연결되는 매개가 되고 있다. 한류가 확산되며 낯선 발효에 대한 두려움이 호기심으로 바뀐 것도 중요한 배경이다. 특히 최근 국내 식품 수출 시장에서도 **▲발효 소스**는 두드러진 성과를 내고 있다. 농림축산식품부에 따르면 한국 소스류 수출액은 2024년 5500억 원을 넘어설 만큼 성장했으며 이는 2016년의 두 배 이상이 되는 수준이다. 주요 수출 제품은 고추장, 된장, 쌈장, 불고기, 떡볶이 등의 조리용 소스와 뿌려 먹는 드리즐 소스 등이다. 전통 발효 식재료를 소스 형태로 가공해 유통성과 편의성을 높인 결과, 미국·일본·중국을 중심으로 수출이 빠르게 확대되었다. CJ제일제당은 실온 보관이 가능한 '만능 김치요리 소스'로 유럽과 미주 시장을 개척했고, 동원홈푸드는 할랄 인증 발효 소스를 통해 무슬림 시장까지 진출했다.

해외에서 한식 발효 소스가 주목받는 배경은 건강 트렌드와 맞닿아 있다. 발효 과정에서 생성되는 프로바이오틱스와 유기산은 장 건강과 면역에 도움을 주며, 된장·고추장·김치 같은 발효식품은 자연스러운 웰니스 푸드로 인식된다. 또한 한식 소스는 저지방·저칼로리 특성을 지녀 클린 이팅(Clean Eating)과 슬로징 흐름에 부합하고, 곡물과 콩을 활용한 발효는 비건 식단과도 연결된다. 여기에 인공 조미료를 대체하는 깊은 감칠맛까지 제공해, 전통성과 건강성을 동시에 만족시키는 대안으로 대두되고 있다.

한식의 발효를 매개로 한 브랜드와 셰프 간 협업도 활발하다. 한식의 발전과 세계화를 위해 다양한 프로젝트를 펼치는 CJ의 '퀴진케이 프로젝트'는 홍콩에서 열린 팝업 레스토랑에서 발효를 주제로 한 코스 요리를 소개했다. 동치미 국물을 활용한 애피타이저부터 발효 간장을 입힌 해산물 요리까지, 현지 식재료와 한국 발효의 다채로운 조화를 선보였다. 2025년 가을, 전통주 다이닝 '윤주당'과 협업해 한식에 발효의 미학이 담긴 전통주 페어링을 제안한 프로젝트에서도 발효가 중심이 됐다.

서울 송파구의 파인다이닝 레스토랑 '비채나'가 노르딕 레스토랑 '마테르'와 협업해 진행한 미식 행사에서 셰프들은 누룩 소금에 절인 참외와 막걸리 식초로 무친 겉절이를 스테이크에 곁들이고, 디저트로는 된장캐러멜머랭을 내놓았다. 해당 행사에서 발효는 한식과 노르딕을 잇는 다리가 되었고 코스 전체를 관통하는 새로운 풍미의 언어로 쓰였다. 유통업계는 발효를 새로운 방식으로 다루기도 했다. 신세계 한식연구소는 '발효곳간', '자주한상', '디저트살롱'을 통해 명인들의 장류와 발효 반찬을 판매하고, 이를 다이닝과 디저트로 확장시켰다. 블렌딩 쌀, 티백 육수, 전통차와 한과까지, 연구소에서 개발한 발효 기반 메뉴들은 매장에서 곧바로 고객의 경험으로 이어졌다.

국가유산청은 사찰 음식을 국가무형유산으로 지정했다.
(사진_사찰 음식점 발우공양)

최근 국가유산청은 불교의 생명 존중 사상을 바탕으로 각 사찰에서 특유의 발효·채식 식단으로 발전해온 **▲사찰 음식**을 국가무형유산으로 지정했다. 이는 수천년간 전승돼온 발효의 지혜와 지역 식자재의 활용, 그리고 절제와 수행의 철학이 어우러진 음식 문화가 전통을 넘어 현대적 가치와 세계적 보편성을 지님을 의미한다. 특히 된장, 간장, 김치, 장아찌 등 발효를 중심으로 한 조리 방식은 한국 사찰 음식의 정체성을 뚜렷하게 보여주는 요소로 건강과 지속 가능성을 중시하는 글로벌 웰니스 흐름 속에서 새롭게 조명되고 있다.

2. 식욕 없는 시대의 외식

경제 불황, 기후 위기, 정치·사회의 불확실성이 커질수록 사람들은 외부 환경을 통제하기 어렵다는 무력감을 경험한다. 이런 상황에서 운동, 식습관 변화를 통한 자기 관리는 개인의 의지로 컨트롤하고 바꿀 수 있는 영역이기 때문에 다이어트와 운동이 '자기 효능감'을 확보하는 가장 현실적인 방법으로 여겨지는데, 이 또한 웰니스 열풍의 배경이라 할 수 있다.

식욕 억제제의 보급이 외식업계에 미칠 영향에 대한 귀추가 주목되고 있다.

최근 '오젬픽', '위고비', '마운자로' 같은 GLP-1 계열의 식욕 억제 약물이 전 세계 식문화의 화두로 떠올랐다. 이 약물은 음식에 대한 욕구 자체를 현저히 낮춰 체중을 줄이는 데 효과가 있을 뿐 아니라 식습관의 패턴 자체를 바꾼다. 이를 통해 '미식을 통한 만족감과 배부름'을 전제로 한 기존 외식업계의 비즈니스를 무력하게 만들 수 있다는 예측도 나오고 있다. 미국 모건 스탠리 리포트에서는 "비만 치료제가 확산되면 사람들은 전반적으로 덜 먹고, 고칼로리·고당 식품을 덜 찾게 될 것"이라는 예측을 내놓으며 식품 산업 전반에 걸친 구조적 변화 가능성을 시사했다.

금융 시장에서도 식욕 억제 약물의 대중화가 외식 및 식품업계의 수요 기반에 잠재적 리스크가 있다고 보고 기업 가치에 반영한 사례가 보고되고 있다. 미국 블룸버그 인텔리전스의 보고서에 따르면, GLP-1 약물 복용자 1000명을 대상으로 한 조사에서 응답자의 54%가 약 복용 이후 외식 빈도수가 "줄었다"고 답했다. 배달 음식을 덜 시킨다고 응답한 비율도 이와 비슷했다. 이러한 조짐들은 외식업 사업 모델의 근본적인 구조적 재고가 필요한 시점이라는 경고로 여겨진다.

세계적인 패스트푸드 '맥도날드'의 핵심 매출은 여전히 햄버거, 감자튀김, 탄산음료라는 세 가지 조합에서 나오고 있지만, GLP-1 사용자에게는 더블치즈버거나 갓 튀긴 감자튀김은 더 이상 매력적이지 않을 수 있다. 심지어 햄버거 반 개를 먹기 전에 배가 불러 더 이상 먹고 싶은 생각이 없어지기도 한다. 이처럼 점점 '적게 먹어도 충분하다' 혹은 '먹고 싶은 욕구가 없다'는 감각에 익숙해지면 결국 미식의 가장 큰 목적인 음식이 전달하는 즐거움 역시 줄어들거나 없어질 수 있다. 소비자들은 본인의 의지로 하기 어려운 다이어트를 보다 편하게 하기 위해 미식의 즐거움을 포기하느냐 마느냐의 기로에 서게 될 것이다. 날씬한 체형을 가진 사람에게 더 관대한 사회의 시선은 손쉽게 식욕 억제 약물을 선택하게 하고 있다. 외식업계는 '식욕 없는 시대' 속에서 여전히 '맛의 전투력'을 끌어올리는 높은 칼로리와 푸짐한 양으로 승부할 것인지, 아니면 '작고 가볍지만 영양적으로 최적화된 메뉴'로 혁신할 것인지 선택의 갈림길에 서게 될 수 있다.

이미 시장에서는 변화의 전조가 나타나고 있다. 소포션(Small-portion) 다이닝, 고단백 스낵, 저탄수화물 메뉴 등이 확대되며 식사량은 줄이되 필수 영양을 채워주는 방식이 부상하고 있다. 이는 '적게 먹으면서 더 건강하게 사는 법'을 원하는 소비자의 요구와 맞닿아 있다. 나아가 개인의 DNA, 알레르기 정보, 마이크로바이옴 등 체질 분석을 반영해 메뉴를 맞춤 제공하는 기술도 등장하며 식탁이 개인의 생체 데이터와 직접 연결되는 시대가 열리고 있다.

칼로리 섭취를 줄이고 에너지와 면역력을 높이며 수면 패턴을 개선하는 것은 통제가 어려운 세상에 맞서는 개인적 방어막이 되며, 그렇기 때문에 기능성 식품과 영양 최적화 메뉴는 웰니스 시장의 최전선에 서 있는 것이다. 머지않아 위고비 특허가 만료되면 복제약이 쏟아져 나오고 가격은 크게 떨어질 것이다. 다이어트 약물이 대중화되는 그 시점은 외식업계에 거대한 전환점이 될 가능성이 높다. 대량, 고칼로리, 저가 메뉴라는 외식업계의 전통적인 성장 공식은 흔들리고, 대신 '식욕리스(-less) 시대'에 맞는 소형, 고기능 메뉴 전략이 새로운 표준으로 자리 잡을 것이다. 외식업계가 선택과 변화를 주저한다면, 결국 소비자의 입맛은 이미 다른 곳으로 이동할지도 모른다.

3. Eat Your Mood, 기분을 돌보는 식사

세계보건기구(WHO)는 전 세계 인구의 약 8명 중 1명이 정신 건강 문제를 겪고 있으며, 우울·불안으로 인한 경제적 손실이 연간 1조 달러 이상에 달한다고 발표했다(2023). 국내 역시 보건복지부의 2025년 <정신건강 실태조사>에 따르면, 성인 4명 중 1명이 "정신 건강이 삶의 질에 큰 영향을 미친다"고 응답했다. 이는 소비자들이 더 이상 건강을 육체적 차원에서만 바라보지 않고 정신적 안정과 행복감도 함께 추구하고 있음을 보여준다.

최근 MZ세대를 중심으로 정신 건강 관리가 일상화되면서, 정신 건강 앱 시장도 급성장하고 있다. 국제적으로는 '캄(Calm)', '헤드스페이스(Headspace)' 같은 명상·수면 앱이 구독 서비스로 자리 잡았고, 한국에서도 '트로스트', '마인드카페' 등 비대면 상담과 감정 기록을 지원하는 앱 이용자가 빠르게 늘고 있다. 단순히 순간의 기분을 기록하는 것이 아니라 내면을 관리해야 삶 전체의 균형을 지킬 수 있다는 인식이 강해지면서 저널링(Journaling: 자신의 감정, 생각, 상태를 의식적으로 적어 내려가는 자기 성찰 활동)이 새롭게 대두되고 명상, 멘털 케어 앱 같은 루틴이 자연스럽게 확산되고 있는 것이다. 이는 자신의 기분과 감정, 컨디션을 기록·분석하며 "나는 지금 어떤 상태인가?"를 묻는 자기 성찰적 태도를 일상화하고 있는 세대적 특성을 드러낸다. 불확실성과 경쟁이 일상화된 사회 환경 속에서 자신의 마음을 객관적으로 들여다보고 관리하지 않으면 쉽게 소진될 수 있다는 불안감이 반영된 결과라 할 수 있다. 외식 역시 이러한 흐름과 접점을 만들 수 있는 새로운 영역으로 부상하고 있다.

'스타벅스'는 공간 설계를 통해 정신적 휴식을 유도하고 있으며 실제로 최근 생기는 매장들은 휴식과 정서적 안정감을 줄 수 있는 공간 구성에 집중하고 있음을 알

공간 설계를 통해 정신적 휴식을 전달하는
스타벅스 양산통도사점(사진_스타벅스코리아)

수 있다. 용인 고기동 유원지점은 기존 수목을 보존하면서 숲속 산장 같은 분위기를 조성하고 야외 테라스와 산책로로 자연과의 연결감을 강조한 설계를 도입했으며, 양산 통도사점은 자연과 사찰 인접성을 살린 공간으로 연못과 돌다리, 통창과 스테인드글라스 등 자연 요소를 활용한 설계로 정서적 안정감을 추구했다. 최근 MZ세대가 사찰 음식, 템플 스테이 등 불교를 힙하게 여기고 관련 체험에 적극적인 현상 또한 자기 성찰을 중시하는 세대 특성을 보여준다. "나는 지금 어떤 상태인가?"라는 물음을 스스로 던지고 이에 대한 답을 얻기 위해 위해 불교의 명상, 마음 챙김 식사를 경험하면서 정신적인 안정감을 얻으려는 심리가 반영된 것이라 할 수 있다.

최근에는 '숙면'에 대한 인식 변화도 눈에 띈다. 단순히 '피로 해소를 위한 수면'이 아니라, '자는 것이 곧 내일을 위한 투자'라는 관점이 확산되면서, 충분한 수면은 체력과 면역력, 정신적 안정까지 책임지는 필수 조건으로 받아들여지고 있다. 불안과 스트레스가 큰 시대일수록 '양질의 수면'은 건강 관리의 핵심으로 여겨지며, 식사와 외식도 이 흐름에 맞춰 변화하고 있다. 이에 따라 숙면을 돕는 성분을 활용한 메뉴 개발이 점차 주목받고 있다. 트립토판이 풍부한 콩류와 유제품, 멜라토닌이 함유된 체리와 호두, 신경 이완을 돕는 마그네슘·칼슘이 많은 바나나와 시금치 같은 식재료가 대표적이다. 실제로 해외 호텔 브랜드에서는 저녁에 '슬립 웰(Sleep Well) 메뉴'를 제공하며 숙면을 돕는 식자재를 활용하고 있다. 국내 역시 건강, 웰니스를 강조하는 외식 브랜드는 물론 호텔, 항공업계에서도 '수면의 질 향상'이라는 수요를 반영한 메뉴 개발 및 도입에 박차를 가해 서비스 퀄리티를 향상시키고 있다.

배민아카데미는 '배민 AI 장사스쿨'을 통해 외식업 AI 경쟁력 강화에 집중하고 있다.(사진_우아한형제들)

4. AI의 진화, 트렌드의 종말

인공지능(AI)의 발달은 외식업 환경 전반에 커다란 변화를 일으키고 있다. '**국내 외식 자영업자**'들이 주목하는 AI 기술은 리뷰 분석과 자동 응답을 통한 가게 평판 관리, 개인화 추천과 비대면 주문 등 고객 경험을 개선하는 영역에 집중되어 있다. 여기에 스마트 오더, 서빙 로봇이나 주방 자동화처럼 인력 부담을 줄이거나 매출 예측 및 재고 최적화를 통한 비용 절감, 마케팅 등 운영 효율을 높이는 기술에도 관심이 높다. 이러한 자영업자들의 니즈에 맞춰 외식업주를 위한 장사학교 '배민아카데미'에서는 '배민 AI 장사스쿨'을 신설했다. 실제로 사용자의 활용 수준이 높을수록 AI를 활용한 업무 효율과 성과가 달라지는 만큼 도입을 고민하고 있는 자영업자들의 참여 열기도 높았다.

'**소비자 관점**'에서는 복잡한 메뉴 탐색을 단순화하는 맞춤형 추천, 손이 자유롭지 않은 상황에서도 편리하게 이용할 수 있는 음성 주문, 허위 리뷰 차단과 안전한 대화 환경을 보장하는 신뢰성 강화, 그리고 건강과 예산에 맞춘 맞춤형 혜택 제공 등으로 한층 향상된 경험을 체감할 수 있다. 특히 AI로 인해 앞으로의 외식은 '나만을 위한 한 끼'로 진화할 것이다. AI가 소비자의 지갑 사정을 읽어내 할인 쿠폰과 알뜰 세트 메뉴를 제시하고, 칼로리·단백질·알레르기 정보를 걸러내 건강에 맞는 메뉴만 추려주는 모습은 더 이상 먼 미래의 이야기가 아니다.

웰빙과 다이어트가 일상이 된 요즘 AI는 체질에 맞는 영양소와 음식 옵션을 제안하는 개인 트레이너 같은 역할을 맡는다. 실제로 식탁 위 음식 사진을 찍으면 영양 정보를 분석해 알려주는 서비스도 다양하게 출시되고 있으며 운동 및 식단 관리를 하는 이들에게 일상적으로 사용되고 있다. 또한 이러한 정보는 개인의 섭취량과 영양 밸런스를 분석해 최적의 선택지를 제안하는 백 데이터로도 활용된다.

고객의 취향 알고리즘에 따른 메뉴 추천은 온라인 매개체를 기반으로 하는 배달 앱이나 브랜드 자사 주문 앱에서는 상당히 보편화됐다. '요기요'는 2024년부터 '나를 가장 잘 아는 앱' 콘셉트로 AI 추천 알고리즘을 강화해, 소비자가 자주 찾는 맛, 식감, 재주문 패턴을 분석해 맞춤 메뉴를 자동으로 보여주고 있다. '삼성웰스토리' 같은 단체 급식 업체에서는 개인의 식단 데이터를 바탕으로 영양 성분을 분석해 AI 기반 메뉴 추천을 도입한다. 특히 개인 맞춤형 영양 섭취가 중요한 선수촌 등에서 선제적으로 활용될 계획이다.

이러한 외식의 개인 맞춤화 현상은 한편으로 '트렌드'라는 개념 자체가 희석되고 있음을 보여준다. 과거에는 특정 유행 메뉴나 콘셉트가 소비를 이끌었다면, 이제는 AI가 개인의 취향, 건강, 예산에 맞춰 설계하기 때문에 모두가 따르는 트렌드보다 '각자의 맞춤 경험'이 더 큰 힘을 갖게 된 것이다. 트렌드는 점차 희미해지지만 취향은 더욱 깊어지는 앞으로의 시대를 맞이할 준비가 필요하다. ●

2026 주류 & 바 트렌드

CHAPTER 09.

JINRO
STRAWBERRY
딸기에 이슬
JINRO
PEACH
복숭아에 이슬

지난 〈대한민국을 이끄는 외식 트렌드〉를 통해 관찰해온 국내 주류 시장은 '다양성의 확장'이라는 거대한 파고를 지나왔다. 팬데믹이 남긴 '홈술'과 '혼술'의 유산은 위스키와 와인 등 고가 주류의 대중화를 이끌었고, 하이볼로 대표되는 믹솔로지 문화는 주류 선택의 주도권을 공급자에서 소비자에게로 완전히 옮겨놓았다. 거시적 데이터가 보여주는 주류 소비량의 정체와 감소는 시장의 쇠퇴가 아닌, 건강과 미식을 동시에 고려하는 '스마트 드링킹' 문화의 정착을 의미한다. 특히 술을 즐기면서도 건강과 맑은 정신을 유지하려는 '소버 라이프(Sober Life)'가 하나의 가치 있는 라이프스타일로 자리 잡으며, 무알코올과 저도주 시장은 단순한 대안을 넘어 하나의 독립적인 장르로 부상했다. 이처럼 과거의 관성적인 음주 습관에서 벗어난 소비자들은 이제 자신의 라이프스타일에 부합하는 명확한 기준을 요구하고 있다. 이는 획석식 소주와 맥주로 대변되던 대중 주류 시장의 파편화를 가속화하는 동시에, 오히려 한잔의 술에 담긴 진정성과 독창적인 스토리텔링에 기꺼이 비용을 지불하는 소비 구조의 고착화를 불러오고 있다.

이러한 변화 속에서 주점업계는 고물가·고금리에 따른 소비 위축과 인건비 상승이라는 이중고를 겪고 있다. 실제 주점 서비스업 생산지수가 부진을 면치 못하는 등 양적인 성장은 정체기에 머물러 있다. 그러나 역설적으로 특정 주종에 특화된 전문 주점은 꾸준한 증가세를 보이며 시장의 체질 개선을 주도하고 있다. 실제로 통계청 서비스업 생산지수상 주점업의 실질 성장은 2023년 이후 마이너스권에 머물고 있으나, 국세청

통계 기준 서양식 주점 등 전문 바(Bar) 형태의 사업체는 매년 두 자릿수 성장률을 기록하며 '취향 기반의 전문화'가 주점업의 유일한 돌파구임을 시사하고 있다.
2026년의 주류 및 바 트렌드는 이러한 취향의 파편화와 경영 효율화를 기반으로 더욱 입체적인 진화를 거듭할 전망이다. 국내 주류업체는 내수의 한계를 극복하기 위해 글로벌 시장으로 눈을 돌린 K-주류의 전략적 행보가 가시적인 성과를 거두며 역으로 국내 브랜드의 가치를 높이는 동력이 되고 있다. 또한 한때의 유행을 넘어 하나의 카테고리로 자리 잡은 위스키와 다양한 스피릿은 대중적인 접근성과 마니아적 희소성이라는 두 축으로 양극화되며 시장의 깊이를 더하고 있다.
외식 분야에서는 주류가 미식 경험의 완성도를 결정짓는 핵심적인 대상으로 확고히 자리 잡는 시기가 될 것으로 기대된다. 이제 주류는 음식과의 페어링을 통해 요리의 잠재력을 끌어올리는 주연의 역할을 수행하며, 브랜드가 가진 고유의 서사와 큐레이션을 통해 매장의 정체성을 증명하는 가장 강력한 차별화 포인트가 되었다.
이러한 맥락 속에서 주류 및 바 시장은 개인의 취향을 세밀하게 타격하는 세분화된 옵션, 그리고 건강과 즐거움 사이의 균형을 찾는 새로운 에티켓이 결합하며, 그 어느 때보다 역동적이고 감도 높은 변화의 시간을 맞이하고 있다.

1. 팬심에서 진정성으로…셀럽 컬래버레이션

최근 주류 시장에서는 셀러브리티(이하 셀럽)가 단순히 광고 모델로 등장하는 수준을 넘어 제품 기획, 레시피, 패키지, 론칭 이벤트까지 함께 만드는 협업 제품이 빠르게 확산되고 있다. 이와 같은 트렌드를 선도한 제품은 2022년 선보인 가수 박재범의 '원소주'로 당시 출시와 동시에 빅 히트를 기록하며 이후 연예인과 컬래버레이션한 주류가 다양하게 출시됐다. 하지만 과거 셀럽 협업 제품은 대부분 꾸준한 소비로 이어지지 못했다. 호기심에 처음 구매했던 소비자들의 재구매 유도가 잘 이뤄지지 않았고, 셀럽의 부정적 이슈가 브랜드 평판 리스크로 전이된 사례도 있다. 초반 완판 이후 맛과 품질의 일관성이 흔들리면서 2·3차 라인업에서 이탈이 발생하거나 한정판이 누적돼 희소성의 가치에 피로도가 쌓인 점 등도 원인으로 분석된다. 결국 두 번째 병, 세 번째 캔을 설득하는 힘은 결국 품질에 달려 있다는 의미다.

주류업계에서 셀럽 협업 현상이 일어난 배경에는 몇 가지 변화가 맞물려 있다. 우선 주류 소비 트렌드가 자주, 많이 즐기는 것에서 '한 번을 마시더라도 잘 마시는' 경험 중심으로 변했다. 그리고 접근성 높은 편의점 기반의 단독·한정판 출시 구조와 셀럽의 취향 및 서사를 제품에 이식해 구매 명분을 완성하는 스토리텔링이 강력한 마케팅 효과를 내고 있다. CU에서 출시한 지드래곤의 '피스마이너스원 하이볼' 시리즈는 아티스트가 직접 디자인한 아트 워크를 패키지에 활용하고 출생 연도에 맞춰 도수를 8.8%로 조정하는 등 지드래곤의 세계관을 그대로 담은 제품으로 누적 판매량 1000만 캔을 돌파하는 기염을 토했다.

편의점 CU가 지드래곤(GD)과 손잡고 피스마이너스원 하이볼을 출시했다.

인지도나 팬덤의 규모보다 애주가로 알려진 셀럽과의 협업을 통해 제품의 진정성과 신뢰도를 높이는 데 집중하는 점도 최근의 추세다. 대중적인 인지도를 활용한 마케팅의 일환에서 주당, 미식가로 알려진 셀럽들과의 협업을 통해 콘셉트와 맛까지 관여해 제품 본질의 진정성을 높이는 것. 최근 신동엽이 원액 시음, 패키지 디자인 등 제품 기획 및 개발의 모든 단계에 직접 관여한 것으로 알려진 '블랙서클' 위스키, 연예계 대표 주당으로 알려진 성시경의 '경탁주', 최자의 복분자주 '분자' 등이 대표적 사례다. 이들 제품은 '메이커'로서 셀럽을 영입하고 이미지에 부합하는 주종과 레시피, 원료, 도수 등을 세심하게 설정해 신뢰도를 높이고 있다.

2. K-소주의 GDP 전략

글로벌 : K-Soju Goes Global

최근 한류의 영향력과 함께 국민 주류인 '소주'가 글로벌 무대의 전면으로 올라왔다. 주류 내수 시장 침체와 맞물려 국내 소주 시장의 성장은 한계에 직면했다. 한국농수산식품유통공사에 따르면 지난해 국내 소주 소매시장 규모는 2025년 2조3515억 원으로 전년보다 5.4% 감소한 것으로 나타났다. 희석식 소주 출고량도 연간 3~4% 감소세가 이어지고 있다. 기업 입장에서 글로벌 시장 진출이 불가피해진 것이다. 이런 상황에서 최근 K-드라마와 K-팝을 통한 문화적 친숙함에 RTD(Ready to Drink)와 칵테일 시장의 성장세가 결합해 한국 콘텐츠에 자주 소개되는 K-소주에 대한 관심이 높아진 것을 계기로 국내 소주 기업은 해외시장 진출에 사활을 걸고 있다. 특히 롯데칠성의 '처음처럼 순하리', 하이트진로의 '에이슬' 등 진입 장벽이 낮은 '과일 소주'는 해외시장 공략의 일등 공신이다.

해외 젊은 층 사이에서 과일 소주가 인기를 얻고 있다.
(사진_하이트진로)

다운 : 도수도, 칼로리도 가볍게

최근 주류 소비자는 예전처럼 깊은 취기로 이어지는 음주보다 부담 없고 건강한 술자리를 원한다. 이에 따라 소주의 도수는 꾸준히 낮아지고 있다. 롯데칠성의 '처음처럼'은 2025년 16.5도에서 16도로 낮추며 한층 부드러운 이미지를 강화했고, 제로 슈거 콘셉트의 '새로'는 무가당 소주라는 새로운 카테고리를 선도하고 있다. 하이트진로의 '참이슬' 역시 저도 기조를 유지하며 16.9도로 맞추었고, 일부 크래프트 브랜드는 아예 14~15도의 '마시기 편한' 소주를 내놓고 있다. 이러한 흐름의 배경에는 웰빙과 라이트 드링킹 문화가 자리하고 있으며, 세계적으로 확산된 저칼로리·저알코올 트렌드와 맞물려 소주의 리뉴얼을 촉진하고 있다.

프리미엄 : K-스피릿, 증류식 소주

저렴한 술의 대명사인 희석식 소주의 수요가 점차 감소하는 반면 '증류식 소주' 시장은 오히려 성장하고 있다. 물론 희석식 소주에 비하면 매우 적은 비중이지만 최근 원재료와 숙성법, 그리고 장인의 스토리를 강조하는 프리미엄 소주가 다양성과 차별화를 통해 꾸준한 시장점유율 증가세를 보이고 있다. 증류식 소주는 곡물과 과일 등을 발효시킨 후 증류기로 증류해 만드는 과정 특성상 원재료의 향과 풍미가 살아 있어 희석식 소주에 비해 깊고 진한 맛을 낸다.

프리미엄 소주 시장을 선도한 하이트진로의 '일품진로'는 한식 파인다이닝이나 한식 주점 등 일반 외식 업소 점유율을 꾸준히 높여가고 있으며 한정판·기념판 전략으로 희소성을 높이는 방식으로 프리미엄 이미지를 확보했다. 광주요그룹의 '화요'는 최근 오크와 옹기 숙성을 강조한 신제품 '화요 19金'을 선보였다. 화요는 증류식 소주 시장 확장의 가장 큰 걸림돌인 '가격 경쟁력'을 확보해 현재 미국·일본·중국 등 27개국으로 수출하고 있으며, 일반 소주와의 차별화를 위해 고급 레스토랑과 바를 중심으로 프리미엄 소주로 포지셔닝을 진행하고 있다.

각 지역의 전통주 브랜드도 약진하고 있다. 강원도 평창의 농업 회사 법인 케이알 컴퍼니의 프리미엄 증류식 소주 '40240 독도 37'이 2025년 샌프란시스코 월드 스피릿 컴피티션에서 골드 메달을 수상한 것을 비롯해 국제 주류 품평회에서 한국 소주의 수상이 이어지고 있다. 탁주로 알려진 경기도 양평의 농업 회사 법인 지평은 최근 세 가지 곡물을 증류한 '지평소주'를 출시해 주목을 받았다. 증류식 소주는 '맛'뿐 아니라 술병이나 라벨의 디자인도 다양하다. 이는 음주를 경험으로 여기는 젊은 소비층을 공략하기 위한 것. 증류식 소주 시장의 이 같은 흐름은 스토리 있는 술을 선호하는 MZ세대와 글로벌 소비자 취향에 맞춘 것이며 소주를 와인이나 사케처럼 음식과 함께 즐기는 고급 스피릿으로 재정의하고 있다.

3. 밥술 필승, 제철 주점

최근 주점 문화의 변화는 밥과 술의 경계가 무너지고, 제철을 즐기는 새로운 주점 형태로 이어지고 있다. 이러한 주점들의 특징은 뚜렷하다. 먼저 산지 직송 제철 재료를 적극적으로 활용해 계절감을 담아내며, 매일 메뉴가 달라지는 유연성을 보여준다. 또한 요리가 밥상에 가깝게 구성되어 있어 식사와 술자리가 자연스럽게 이어지고, 음식에 맞는 술을 제안하는 방식으로 서로의 풍미를 끌어올린다. 소비자에게는 계절의 맛을 입체적으로 체험하는 즐거움을 제공하는 셈이다. 이들 공간의 가장 큰 매력은 음식과 술이 서로를 완성하는 방식에 있다. 봄에는 두릅전과 주꾸미 요리에 스파클링 막걸리를, 여름에는 전복죽에 청주를, 가을에는 전어구이와 버섯전골에 과실 향 나는 술을, 겨울에는 굴전과 방어회에 증류식 소주를 곁들인다. 이렇게 계절의 풍미를 극대화하는 술 페어링이 더해지며, 술자리와 식사가 하나의 계절 경험으로 연결되고 있다.

대표적인 사례로 꼽히는 곳들을 살펴보면 공통된 맥락이 드러난다. 서울 용산구 한남동의 '애주옥'은 전국 각지에서 공수한 신선한 식재료로 정성스럽게 만든 한

계절을 담은 음식과 함께 든든한 한잔을 선사하는 주점, 방울과 꼬막(사진_방울과 꼬막 용산점)

식과 전통주를 함께 낸다. 역시 한남동의 '대물섬'은 3kg 이상 대물 광어를 비롯해 줄무늬 전갱이, 삼치 등 계절 생선을 숙성해내는 것이 특징으로 광어 숙성회에 소금김밥을 곁들이거나 뽈락구이·오징어 통찜 같은 강한 안주 메뉴, 백합해장라면 같은 식사 메뉴까지 갖춰 술상과 밥상의 경계를 허물었다. 술 역시 소주, 맥주뿐 아니라 와인, 샴페인, 위스키까지 폭넓게 준비해 다양한 페어링이 가능하다. 한남동에서 최근 삼각지로 지점을 확장한 '방울과 꼬막'은 방어회, 뭉티기, 참치주먹밥 같은 안주를 비롯해 백합탕, 매운 주꾸미 돼지갈비탕 같은 국물 메뉴와 함께 든든한 한잔을 선사한다. 강남구 청담동의 '어슬청담'은 이영원 셰프의 계절 해석을 담은 퓨전 한식과 전통주 페어링으로 차별성을 보여주며, 용산역 인근의 '섬집'은 섬과 육지의 제철 재료를 매일 다른 반찬과 요리로 선보인다. 서대문구 연희동의 '이백사호'는 계절과 날씨에 따라 달라지는 메뉴로 밀도 있는 경험을 제공하고, 용산 숙대입구역 인근의 '산해촌'은 '육지 이모와 바다 삼촌이 차려주는 술상'이라는 콘셉트로 집밥의 따뜻함과 술상을 결합했다.

4. 하이볼부터 한정판까지…위스키 시장의 양극화

국내 위스키 시장은 팬데믹 이후 홈술과 하이볼 열풍을 타고 급팽창했지만, 2024년을 기점으로 정상화 국면에 들어섰다. 관세청 통계 기준 2024년 한 해 수입량은 2만7441톤으로 전년 대비 10.3% 줄었고, 수입액도 2억4921만 달러로 4.0% 감소했다. 2025년 상반기에도 물량과 금액이 동반 하락하며 조정 기조가 이어졌다.

편의점에서의 성장률 역시 2022년 고점을 지나 2023~2024년 완만하게 둔화했고, 2025년에 들어서는 하이볼 입문 붐의 속도가 확실히 조절되는 모습이다.

이런 변화의 배경에는 급격한 성장 뒤의 조정 및 경기 침체, 고물가·고환율, 높은 세 부담 구조가 자리한다. 이로 인해 체감 가격이 오르고, 종량세와 환율의 영향으로 직구가 늘어나면서 일부 수요가 외부로 빠져나간 것으로 분석된다. 외식과 유흥 시장의 회복력도 기대에 못 미치면서 '하이볼로 누구나 즐기는 위스키'에서 '마니아들의 위스키'로 무게중심이 옮겨가는 흐름이 뚜렷해졌다. 그 결과 수요 구조가 입문층과 마니아층으로 양극화되고 있다. 입문층은 RTD 하이볼 및 가성비 라인업을 반복 구매하며 카테고리 저변을 유지하고 있으며, 마니아층은 싱글몰트, 한정판, 배치(Batch) 스토리 등을 따지며 깊이를 더해가고 있다.

2025년 상반기 하이볼의 주 판매 채널인 GS25 편의점의 하이볼 매출은 전년 대비 81% 증가했고, 주류 내 비중도 40%로 뛰어올라 위스키와 와인을 제치고 1위로 올라섰다. 대부분 캔이나 병으로 출시해 별도의 제조 과정 없이 바로 즐길 수 있는 RTD 형태이며, 편의성과 다양한 변주는 구매 빈도를 높이는 효과로 이어졌다. 반면 바와 레스토랑은 플라이트(Flight: 위스키를 소용량으로 여러 잔 구성해 한 번에 비교·시음할 수 있도록 만든 세트) 메뉴 페어링, 캐스크 비교, 페어링 클래스 등으로 학습형 경험을 제공하며 취향을 정교화한다.

가볍게 마시는 하이볼과 한식 페어링으로 입지를 넓히고 있는 국내 위스키 시장

국가와 브랜드별로 보면 판도가 더 분명해진다. 영국과 미국, 아일랜드의 물량 및 금액이 동반 축소되는 사이 일본은 '산토리 가쿠빈'을 비롯한 블렌디드 중심으로 하이볼 수요를 흡수했고, 대만은 '카발란'의 프리미엄 싱글몰트가 고급 수요를 견인했다. 국내에서는 아직 시장은 크지 않지만 'KI ONE(기원)', '김창수 위스키' 등

K-위스키가 해외 어워드를 통해 학습과 스토리의 가치를 키우며 국내 인지도를 확보하는 동시에 해외 수요를 테스트하고 있다. 글로벌 메이저들은 한정판, 앰배서더, 팝업, 컬래버레이션 등으로 충성 고객을 묶고, 합리적인 가격대의 라인업으로 입문층 이탈을 막는 투 트랙 전략을 강화하는 추세다.

국내 외식업계에서는 한식과의 페어링 확대도 중요한 흐름이다. 과거 위스키가 양식과 고급 다이닝에만 어울린다는 인식에서 벗어나, 전·탕·구이와 같은 한국적 메뉴와 조합해 새로운 경험을 제안하는 시도가 늘고 있다. 실제로 일부 바에서는 김치전·파전과 싱글몰트의 페어링, 매운 갈비찜과 스모키 위스키의 조합을 추천하며 로컬 음식과의 새로운 시너지를 만들어내고 있다. MZ세대의 참여와 경험 중심 성향과 맞물려 클럽·커뮤니티형 운영 또한 외식 공간에서 더욱 강화될 전망이다. 실제 일부 브랜드에서는 멤버십을 대상으로 한 '위스키 테이스팅 클럽', '프라이빗 배럴 시음회' 같은 프로그램을 운영하여 학습과 소속감을 제공하고 있다.

5. 아가베·바이주·사케…라이징 스피릿의 향기

최근 주류 시장에서 가장 주목받는 키워드 중 하나는 전통의 향을 간직한, 하지만 지역 안에 머물렀던 증류·양조주들의 부상이다. 위스키 일변도의 고급 주류 시장에서 벗어나 아가베 기반의 멕시코 테킬라와 메즈칼, 중국 바이주, 일본 사케와 쇼추 같은 글로벌 증류·양조주가 소비자들의 관심을 끌고 있는 것. 특히 테킬라의 수입 규모가 가파른 증가세를 보이고 있다. 관세청에 따르면 테킬라 수입액은 2020년 253만1000달러에서 2024년 645만5000달러로 약 155% 증가했다.

주류업계는 이런 추세에 발 빠르게 대응하고 있다. 하이트진로는 프리미엄 테킬라 '코모스(Comos)'를 국내시장에 들여왔고, 전통주 기업 국순당도 셀럽 브랜드와 협업해 '818 데킬라'를 론칭했다. 멕시코 장인들이 빚은 도자기에 담긴 프리미엄 테킬라 '클라세 아줄(Clase Azul)'도 국내시장에 적극적으로 진출하고 있다. 업계

바이주, 테킬라, 사케 등 글로벌 증류·양조주가 새로운 시장을 개척하고 있다.

관계자들은 “최근 미국 젊은 층에서 테킬라의 인기가 급부상하더니, 이제 그 열기가 한국으로 넘어오고 있다”며, “특히 최고급 테킬라를 마시는 것이 하나의 문화로 자리 잡고 있다”고 분석한다. 과거 클럽이나 바에서 즐기는 술로 여겨지던 테킬라가 이제는 젊은 세대의 다이닝 테이블에 올라, 음식과 함께 즐기는 프리미엄 주류로 진화하고 있는 것이다.

중국의 바이주는 중식 고급화 속에서 ‘위스키 대체재’로 주목받고 있다. 주류 브랜드 ‘양하대곡’은 국내 인플루언서를 대상으로 ‘양하 서포터즈’를 선정, 국내 유명 레스토랑의 테이스팅 클럽 및 중국 난징 본사 탐방 같은 활동을 지원하는 등 국내 마케팅 활동에 적극적이다. 중국 바이주계의 혁신으로 불리는 ‘강소백’은 충칭 강변의 붉은 수수(고량)만을 발효 증류한 청향형 바이주로 신선한 패키지 디자인과 더불어 하이볼 조합을 선보이며 젊은 세대를 공략하고 있다. 최근 국내에서 열리는 주류 박람회에 중국 바이주 브랜드 부스의 지분이 커졌는데, 그 배경에는 중국 내수 침체가 있다. 과거 바이주는 자국 내수 시장에서 99% 소화됐지만 최근 소비 침체 및 관료 금주령, 부패 척결 등의 사회 분위기 변화로 인해 접대가 줄어들며 해외로 눈을 돌리게 된 것.

일본 사케는 프리미엄 사케 바와 편의점 유통 확장으로 안정적 성장세를 보인다. 관세청에 따르면 2024년 사케 수입량은 전년(5415톤) 대비 5% 늘어난 5684톤으로 역대 최대를 기록했다. 업계에서는 2030세대를 중심으로 한정판, 프리미엄 사케 수요가 늘어난 것을 사케 트렌드 열풍의 핵심으로 보고 있다. 이 같은 흐름의 배경에는 ‘남들과 다른 술’을 찾는 취향 중심 소비, 엔저 현상으로 인한 일본 여행 증가, 만화 <슬램덩크>의 ‘정대만 사케’ 등 일본 대중문화와 연결된 스토리텔링과 취향 소비, 그리고 편의점·주류 전문 몰 등 유통 채널의 다변화가 자리한다.

외식업계의 전망도 밝다. 바와 레스토랑에서는 이국적인 증류·양조주를 활용한 하이볼, 스프리츠, 칵테일 메뉴를 개발하며 젊은 세대와의 접점을 넓히고 있다. 테킬라·메즈칼은 멕시코 음식뿐 아니라 한식 스몰 플레이트와의 페어링 실험이 활발하고, 바이주는 중식 파인다이닝의 새로운 주류 파트너로 자리매김하고 있다. 사케는 사시미, 스시뿐 아니라 한식 안주와의 조합으로도 소비층을 넓히는 추세다.

6. K-믹솔로지 : 전통과 모던의 교차점

한국의 바 문화는 빠르게 변하고 있다. 특히 해외 트렌드를 따라가는 대신 한국 고유의 재료와 미각을 바탕으로 새로운 칵테일 언어를 만드는 시도가 활발하다. 청주, 약주, 탁주 등 전통주를 베이스로 한 칵테일은 물론 한식의 전통 식재료와 로컬의 개성을 살린 범주로 확장되고 있다. 그중에서도 최근 국내 믹솔로지 시장에서는 한식 발효의 세계가 음료 문화로 확장되는 현상이 두드러지고 있다. 김치, 된장, 식초, 누룩 같은 한국 요리의 핵심을 이루는 발효가 칵테일에 새로운 영감을 주는 소재로 주목받으며 'K-믹솔로지'의 정체성을 만들어가고 있다.

포시즌스 호텔 바 오울(OUL)에서 선보인 된장 칵테일(사진_업체 제공)

서울 익선동의 '바참(Bar Cham)'은 전통주 베이스에 각 지역별 특색을 담은 창작 칵테일을 선보인다. 전통 소주에 에스프레소를 얹은 '누룽지프레소'와 풍정사계·왕율주·참기름·쑥 등을 활용한 '송편'을 매치하는 등 전통을 재해석한 칵테일과 창의적인 디저트의 조합을 선보인다. 최근에는 고추장, 된장, 청국장 같은 발효된 장류의 풍미를 활용한 칵테일 연구도 활발히 이어지고 있다. 서울 포시즌스 호텔의 한국식 바 '오울(OUL)'은 한국 식재료를 활용해 다양한 칵테일을 선보여왔다. 최근에는 전통 식품 브랜드 '명인명촌'과 함께 오크 숙성 소주에 된장·달고나·막걸리 등을 믹스한 된장칵테일과 현미식초·복분자·민트 등으로 제조한 식초칵테일 등을 소개했다. 서울 송파구 '라티튜드32(Latitude32)'는 '팜투바(Farm to Bar)' 철학을 실천하는 공간으로 지역 농가에서 직접 공급받은 신선한 재료를 사용하며, 한국의 식재료로 완성한 독창적인 칵테일을 제안한다.

이와 같은 시도들을 통해 국내 주류업계에서는 한식 고유의 산미와 단맛, 감칠맛을 동시에 품은 현대 믹솔로지의 새로운 가능성을 열고 있다. 세계도 이 흐름을 주목하고 있다. '아시아 베스트 50바 2025(Asia's 50 Best Bars 2025)'에서 서울의 '제스트(Zest)'가 2위에 올랐고 '르챔버(Le Chamber)', '앨리스(Alice)', '바참(Bar Cham)' 역시 순위권에 이름을 올렸다. 해외 바텐더들이 서울을 찾아 레시피를 배우는 리버스 트레이닝도 활발히 이루어지고 있다.

7. 균형 음주 시대

지난 <2025 대한민국을 이끄는 외식트렌드>에서 제시한 주류 시장 트렌드 키워드인 '소버 라이프(Sober Life)'가 건강과 웰빙을 중시하는 세대의 선택으로 빠르게 확산되면서 폭음이나 강요된 회식 대신 자신이 원하는 만큼의 리듬을 조절하는 태도가 사회 전반의 공감대를 얻었다. 이러한 현상의 중심에는 MZ세대가 있다. 이들이 추구하는 소버 라이프는 무조건 술을 끊는 것이 아니라 얼마나, 어떻게 마실 것인지를 스스로 설계하는 것을 의미한다. 필요할 때는 한잔을 즐기고, 때로는 무알코올이나 저도수 음료를 선택하는 새로운 '균형 음주 시대'로 진화하고 있는 것, 그것이 소버 라이프다.

음주에서 균형을 중시하는 이 흐름은 주류 시장에 변화를 이끌고 있다. 카스, 하이트, 클라우드 같은 국내 대형 브랜드는 무알코올, 저도수 제품을 연이어 출시하며 시장을 넓혀가고 있다. 기네스, 산토리 등 글로벌 브랜드 역시 무알코올 버전의 대표 제품을 내놓고, 위스키·와인·막걸리까지도 알코올을 최소화한 새로운 라인업을 선보이고 있다. 맛과 향은 유지하되 도수를 낮추는 기술, 발효와 숙성의 조합을 재해석하는 제조법은 '취하지 않아도 술처럼 즐길 수 있는 경험'을 가능하게 한다.

주류 소비 패턴 역시 바뀌었다. 외식 물가 상승과 경기 둔화 속에서 많은 소비자가 음식점보다는 집에서, 과음보다는 가볍게, 고가보다는 합리적으로 즐기는 방식을 택하고 있다. 집과 식당을 넘어 항공사, 호텔, 페스티벌 등에서도 무알코올 음료가 안정적으로 자리를 잡으며, '술 없이도 품격 있는 순간'을 제안하고 있다.

이처럼 소버 라이프 트렌드는 금주에서 균형으로, 절제에서 자율로 이동한다. 사람들은 더 이상 술을 중심으로 모이지 않는다. 대신, 각자의 속도와 취향을 존중하며 함께 시간을 보낸다. 술을 마셔도, 마시지 않아도 어색하지 않은 시대. 이것이 바로 소버 이후의 시대이며, 그 중심에는 '균형'이라는 감각이 있다.

8. MZ 애주가 놀이터, 주류 박람회

젊은 층의 주류 소비는 줄고 있지만 역설적으로 주류 박람회는 호황이다. 유명 주류 박람회는 사전 티켓 완판, 오픈런 등으로 열기를 확인할 수 있는데, 과거와 다른 점은 기업 교류의 장에서 업계 종사자가 아닌 MZ세대 일반 관람객의 방문이 폭발적으로 늘어났다는 것이다. 이들은 폭음보다 경험, 스토리, 학습을 중시하는 특징이 있다. 주류 박람회는 수많은 주류 브랜드의 팝업 스토어를 한곳에 모아놓은 장소인 만큼 이들에게 응축된 경험을 제공한다.

'서울국제주류 & 와인박람회'는 국내 주류 산업을 대표하는 최장수 주류 박람회다. 국내외 와인을 비롯해 전통주, 위스키, 맥주 등 다양한 주종의 주류를 한자리에서 경험할 수 있는 대규모 전시가 펼쳐지며 참가 브랜드만 5000여 곳에 달한다.

'서울바앤스피릿쇼(Seoul Bar & Spirit Show)'는 '본 투 드링크(Born to Drink)'를

주제로 위스키를 비롯한 다양한 주류와 관련 용품, 페어링 푸드 등 다채로운 주류 산업 문화와 트렌드를 소개하는 전시회다. '바참', '르챔버', '무근본', '숙희', '코블러' 등 대한민국 최정상급 바(Bar)가 참가하는 '더인피니티바'를 운영하며 각 매장의 시그니처 칵테일을 선보인다. '한정판' 위스키 등 전시에서만 판매하는 주류, 브랜드에서 증정하는 비매품 굿즈, 출시 전 제품의 시음 기회 등 주류업계 종사자들 뿐 아니라 주류 애호가들을 불러모으는 다채로운 이벤트를 즐길 수 있다.

주류 박람회가 역대급 호황을 누리고 있다.(사진_서울바앤스피릿쇼 더인피니티바).

이처럼 주류 박람회는 입장권 하나로 다양한 주종을 한자리에서 비교·시음하고, 바텐딩 퍼포먼스와 미니 클래스, 테이스팅 노트 등을 통해 지식과 취향을 빠르게 축적할 수 있는 압축형 문화 경험을 제공한다. 한 병을 오래, 많이 소비하는 일상적 음주 대신 한 번을 더 잘 마시는 특별한 경험을 찾는 수요와 정확히 맞물린다. 카테고리의 확장으로 관람의 저변을 넓히기도 한다. 저도수, 로 슈거, RTD, 하이볼, 크래프트 등의 다양한 주류는 물론 논알코올 음료까지 포괄해 술을 잘 마시지 않는 사람도 라이프스타일 전시로서 참여 가능한 것. 덕분에 "덜 마시는 시대의 더 붐비는 현장"으로서 높은 인기를 얻고 있다. ●

북촌
운세명당
男
女
한복판매대

골목에서 놀다, 골목 상권

CHAPTER 10.

introduction

〈대한민국을 이끄는 외식트렌드〉에서는 현재 외식 트렌드를 이끌어가고, 또 새롭게 만들어가는 골목 상권과 그 속의 이야기들을 다뤄왔다. 대로변, 역세권 중심의 외식 상권 시대를 지나 골목으로 이동한 식당들은 생기를 잃은 골목에 생명력을 불어넣기도 하고, 별다른 이야깃거리가 없던 곳에 생겨난 어떤 '특별한 가게' 하나 덕분에 동네 전체가 회자되며 활기를 얻기도 한다.

〈대한민국을 이끄는 외식트렌드〉에서는 '골목에서 놀다, 골목 상권'을 통해 어려운 상황 속에서도 각자의 장소에서 특별한 이야기를 써나가며 주목받고 있는 서울의 트렌디한 골목 속 공간들을 리스트 업해왔다. 새로운 트렌드가 끊임없이 피어나는 주요 외식 상권부터 규모는 작더라도 앞으로가 기대되는 골목 상권까지 꼼꼼히 선정하고, 여전히 외식 상권으로서 중요한 입지에 있더라도 신선함이나 변화가 부족한 골목은 과감하게 제외하면서 매년 다이어리알의 시각으로 엄선한 15개의 골목을 소개한다.

1. 매일매일 새로운 팝업 원더랜드…성수동 골목

성수동 상권이 시작된 연무장길 골목의 외식 공간들은 공업소, 인쇄소, 가죽 공장 등 기존 공업단지의 원형이 지니고 있는 고유한 인더스트리얼 분위기를 살린 장소들이 매력적이다. 간판이나 표지판에 그다지 힘을 주지 않은 특유의 무심한 분위기가 그 속에 숨어 있는 공간에 대한 궁금증을 자아내는데, 직접 들어가봐야만 알 수 있는 경우가 대다수다. 도시 재생의 상징적 동네이자 '한국의 브루클린'이라는 이름 아래 발전을 거듭해온 성수동 지역의 외식 상권은 크게 성수역 인근 연무장길 골목 외에도 뚝섬역 인근 서울숲 골목이 대표적이며, 연무장길 아래 뚝도시장 인근 성덕정길과 북성수 지역까지 뻗어나가 거대한 상권을 형성했다. 연무장길 메인 거리는 팝업 스토어의 성지가 되면서 거리의 풍경이 재편됐다. 거대한 상업 시설과 다양한 기업, 브랜드의 신사옥들이 속속 들어왔고 거리에는 팝업 이벤트가 하루가 멀다 하고 열리며 유동 인구를 폭발적으로 증가시켰다. '팝업 문의', '팝업 전문 부동산'이라고 붙여놓은 공인중개소들은 현 성수동 거리의 쓰임을 짐작케 한다. 국내를 찾은 외국인 관광객들에게도 성수동은 골목 전체가 유원지처럼 볼거리가 풍성한 원더랜드다. 음식, 뷰티, 패션, K-팝 등 성수동 골목 한바퀴만 돌면 현시점 대한민국의 가장 트렌디한 문화를 체험할 수 있다는 점은 누구도 이견이 없을 것이다.

다만 지나치게 오른 임대료와 젠트리피케이션 현상으로 자본력이 있는 외식업소가 아니면 살아남기 힘든 구조가 되어가면서 소규모 외식 공간들이 만들어내는 개성과 특색을 점차 잃어가고 있다는 점도 부정할 수 없다.

레스토랑

1. **바오서울** 대만의 대표 스트리트 푸드인 대만식 햄버거, 바오번을 선보이는 대만 요리 전문점.

2. **세스크멘슬** 독일식 소시지를 비롯한 육가공 전문점. 콜키지프리라 와인을 마시기에도 좋다.

3. **소문난성수감자탕** 국내산 돼지뼈를 24시간 고아 시래기, 감자와 함께 끓여낸 전통 방식의 감자탕 맛으로 오랜 시간 사랑받아온 맛집.

4. **능동미나리 성수점** 청도 화악산 자락의 한재 미나리와 최고급 투뿔 한우를 사용한 곰탕과 수육전골을 선보이는 곳.

5. **계월** 닭곰탕을 기본으로 닭무침, 닭수육 등 다양한 닭 요리를 맛볼 수 있다. 곰탕은 수비드 조리한 가슴살과 얼갈이배추, 깔끔한 육수가 어우러져 담백함 속 풍부한 감칠맛을 느낄 수 있다.

6. **성수족발** 서울에서 오랜 역사의 족발 맛집으로 손꼽히는 곳. 적절하게 배어든 양념 덕에 별도의 소스가 필요 없을 정도다.

7. **마리오네** 아시아 나폴리피자 장인 대회에서 월드 챔피언상을 탄 김주영 오너 셰프의 화덕피자 전문점.

8. **밀본** 수제화거리 뒤편 공장들 사이에 자리한 칼국수·만두 전문점. 매일 아침 직접 준비한 반죽으로 면과 만두를 만든다.

카페 & 디저트

9. **프롤라** 호주 시드니에서 온 바리스타가 선보이는 음료와 디저트를 맛볼 수 있는 공간. 홈메이드 스타일의 에스프레소티라미수, 에스프레소, 트러플파르마샌드위치가 인기.

10. **예빈당 성수본점** 한국 전통 간식을 커피, 홍시 스무디 등과 함께 트렌디하게 경험할 수 있는 곳. 개성주악, 약과, 떡 등 다양한 코리안 디저트를 판매한다.

11. **베통성수** 소금빵으로 유명한 베이커리. 밀도 높은 반죽을 중앙에 구멍이 있는 특유의 모양으로 정형해 만드 소금빵을 다양한 베리에이션으로 선보인다.

12. **밀스** 사워도브레드와 키친에서 직접 만든 소시지, 햄을 이용한 토스트, 샌드위치, 핫도그번 등을 선보이는 베이커리 겸 브런치 카페

13. **로우키** 커피 맛에 집중한 성수동의 감성 카페. 매장 내에서 로스팅 원두와 감각적인 굿즈도 판매한다.

14. **어니언성수** 1970년에 지어진 공간을 재생한 곳으로 성수동 감성의 시작을 알린 대표적 건물. 성수동 일대에 새로운 가치를 불어넣은 베이커리 카페.

뚝섬역
서울숲 SKV1타워
성수2가3동 주민센터
성수동아이파크아파트
티팩토리
성수역
연무장길
스타벅스
서울숲 디지털타워1차
성수동카페거리
성수AK밸리
플라츠
SK엔크린
KB 국민은행
성원중학교
성수동

2. 자연과 빌딩 숲의 조화로운 공존…서울숲-뚝섬 골목

서울숲 인근 상권은 최근 몇 년새 초고가 주상복합 아파트와 대기업 사옥이 잇따라 입주하고 지식산업센터가 자리 잡으며 수요 자체가 팽창했다. 성수동 상권이 부흥하던 무렵 서울숲 인근 상권은 다소 낙후된 주택들을 개조한 작은 소품 숍, 갤러리 등 아기자기한 볼거리가 많은 거리 풍경을 자랑했는데, 현재는 재건축과 리모델링을 통해 새롭게 들어선 신축 건물에 외식 브랜드가 골목에 합세하면서 전형적인 핫 플레이스의 모양새를 갖췄다. 골목 자체가 좁고 대부분의 공간은 규모가 큰 편이 아니지만 유동 인구는 많다 보니 주말이 되면 어느 가게 할 것 없이 북적이는 인파를 자랑한다. 상권 부흥 초창기에는 젊은 오너 셰프들이 자유롭게 펼쳐내는 자신들의 세계관과 아이디어가 넘치는 미식 공간들이 자리 잡으며 일대가 특유의 개성을 지닌 골목으로 성장했다. 성수동을 기반으로 성장한 외식 브랜드의 상당수도 이 거리에서 탄생했다. 최근에는 타 상권에서 이름을 알린 외식 브랜드의 2, 3호점들이 이 상권으로 대거 진출하기도 하는데, 기업화된 브랜드가 거리를 채우면서 새로움을 주는 개인 외식 공간의 진입 장벽이 높아지고 있어 서울숲 특유의 개성을 조금은 잃어가는 모양새다. 하지만 서울숲 산책로와 이어진 입지, SM 사옥 덕분에 가족 나들이객과 K-팝 글로벌 팬 등 관광객 수요가 최근 몇 년 새 부쩍 늘어 가족 및 관광객 대상의 상권으로서 모양새를 가다듬는 추세다.

레스토랑

1. 제스티살룬 성수동 서울숲 인근에 자리한 아메리칸 스타일 수제 버거 전문점. 특히 와사비새우버거가 방송을 통해 소개되며 웨이팅을 감수해야 하는 곳이 되었다.

2. 엘몰리노 현지에서의 경험을 살린 셰프의 전통적이면서도 현대적인 멕시코 음식을 맛볼 수 있는 타케리아.

3. 다로베 이탈리아에서 주문 제작한 전통 화덕으로 구워낸 나폴리피자와 다채로운 이탤리언 요리, 와인을 즐길 수 있는 강우석 셰프의 공간.

4. 플레이버타운 호주 및 핀란드, 홍콩, 마카오 등 다양한 문화권의 경험을 녹여낸 중식 베이스 레스토랑. TK와 클레어 셰프 부부가 운영하고 있다.

5. 대성갈비 성수동 돼지갈비 골목의 터줏대감. 참숯에 구워 먹는 양념돼지갈비와 돼지고기가 듬뿍 들어간 김치찌개가 인기.

6. 유어네이키드치즈 마트처럼 진열돼 있는 와인을 골라 치즈플래터와 함께 즐길 수 있는 곳. 간단한 안주 요리도 맛볼 수 있다.

카페 & 디저트

7. 라프레플루트 오로지 생과일만을 활용해 만든 다양한 디저트를 소개하는 집. 과일이 층층이 쌓인 케이크와 빙수 등의 비주얼이 먹음직스럽다.

8. 성수베이킹스튜디오 프랑스 전통 바게트를 주력으로 판매하는 베이커리. 바게트를 활용한 잠봉뵈르샌드위치, 독일식 프레첼, 캉파뉴 등 묵직하고 전문적인 식사빵 라인업을 선보인다.

9. 파티세리아모니 '정식당' 출신 파티시에가 한국적인 식재료를 응용해 선보이는 구움과자 브랜드.

10. 밀도 그날의 온도와 습도를 세심하게 고려해 매일 맛있는 식빵을 구워내는 식빵 전문점. 성수점이 본점이다.

11. 핀즈 '밍글스'에서 페이스트리 셰프로 이력을 쌓은 김범주 셰프가 한식 요소를 응용하거나 제철 재료를 활용해 식재료 본연의 맛을 살려 조리한 디저트 코스와 와인 페어링을 선보이는 곳.

서울숲-뚝섬
서울숲아이파크
리버포레2차
서울숲
쌍용아파트
일심교회
뚝섬역
오마베베
서울숲
한화갤러리아
포레
파리바게뜨
서울숲역
경일중고등학교

3. 한 집 걸러 젠지(GenZ) 핫플…도산공원 골목

도산공원 사거리, 도산대로 하면 수많은 대형 브랜드의 플래그십 스토어와 수입차 전문 매장, 고층 빌딩 등이 가장 먼저 떠오를 만큼 국내 하이엔드 문화의 상징과도 같은 곳이다. 또한 도산공원 주변 골목은 한 집 건너 한 집이 유명 레스토랑일 정도로 고급 외식 공간이 몰려 있는 핵심 상권으로 통한다. 그간 침체기에 있던 압구정 로데오 상권이 긴 숨 고르기를 끝내고 하이엔드 패션과 미식 거리인 도산공원의 상권과 연결되면서 로데오거리도 변화하기 시작했다. 식음료 업종 중심으로 상권의 주요 업종이 전환되고 다양한 음식점들이 거리에 속속 생겨나며 맛의 거리로 변모하고 있는 것. 신분당선 압구정로데오역 개통 이후 지하철과의 접근성이 좋아지면서 자연스럽게 거주 수요가 형성되고 주변 오피스 건물들도 활기를 찾기 시작한 덕분이기도 하다. 이 같은 영향으로 기존에는 도산공원 인근의 레스토랑들이 하이엔드를 지향하는 스시집이나 파인다이닝이 주축이었다면 최근에는 유행에 민감한 젊은 소비자들을 타깃으로 하는 상대적으로 캐주얼한 업종이 합세한 올라운드 상권으로 진화했다. 수프림, 팔라스, 스투시, 젠틀몬스터 등 젊은 세대가 열광하는 브랜드의 플래그십 스토어와 힙한 패션 브랜드가 골목 곳곳에 들어서면서 트렌디한 외식 브랜드가 이와 결을 같이하고 있으며, 팝업 스토어 및 인플루언서 마케팅 관련 이벤트도 활발하게 진행되어 골목에 활기를 더하고 있다.

레스토랑

1. **고료리켄** 김건 셰프의 일식 오마카세. 신선한 재료에 창의적이고 현대적인 아이디어를 더한 요리를 선보이는 다이닝.

2. **갓포아키 도산공원점** 갓포 요리를 유행시킨 주인공. 제철 식재료로 선보이는 다채로운 일식을 맛볼 수 있다.

3. **포노부오노** '톡톡', '사브서울', '뉴욕 아토보이'를 거친 김태성 셰프의 편안한 이탤리언 다이닝. 시그니처인 히든파스타는 간결하지만 특별한 맛을 낸다.

4. **에빗** 조셉 리저우드 셰프가 한국의 식재료와 발효 기법을 활용해 독창적인 코스 요리를 내는 곳.

5. **윤서울(면서울)** 김도윤 셰프의 한식 다이닝. 자가 제면한 면과 숙성 생선 요리 등 오랜 연구의 산물을 경험할 수 있다. '면서울'은 자가 제면 면 요리를 좀 더 캐주얼하게 즐길 수 있는 세컨드 브랜드.

6. **최가네버섯샤브매운탕칼국수** 압구정 로데오에서 오랜 시간 자리를 지킨 한국식 버섯샤부샤부 전문점. 칼국수를 먹고 난 뒤 미나리와 메추리알을 넣은 볶음밥은 필수다.

7. **레스토랑산** 샌프란시스코 미쉐린 3스타 '베누(Benu)'에서 총주방장을 역임한 조승현 셰프의 다이닝. 정통 프렌치와 모던 한식을 넘나들며 쌓은 경력을 바탕으로 이노베이티브 퀴진을 선사한다.

8. **뱃고동** 저렴한 가격의 오징어·낙지 불고기백반으로 굳건히 자리를 잡고 있는 터줏대감.

9. **보보식당** 화교 3세 장보원 셰프의 차이니스 다이닝 바. 동파육과 깐풍아귀 등 별미 요리들을 경험할 수 있다.

10. **뉴만두집** 1982년 개업해 압구정 로데오거리의 추억을 고스란히 간직한 곳. 육향이 살아 있는 평양만두가 가득 담긴 만둣국이 시그니처.

11. **스시인** 이진욱 셰프의 스시야. 단골들의 재예약 시스템만으로 운영되는 곳인데, 그마저 예약이 어렵기로 유명하다.

12. **하네** 자연산 식재료 사용을 고집하는 최주용 셰프의 스시야. 제철의 맛을 살린 우수한 식재료의 스시를 맛볼 수 있다.

카페 & 디저트

13. **이웃집통통이** 약과쿠키 유행을 선도한 카페. 소금빵, 휘낭시에 등 다양한 빵과 베이커리를 만날 수 있다.

14. **꽁티드툴레아** 향기 관련 제품을 판매하고 소개하는 브랜드를 기반으로 브런치, 와인, 카페 메뉴를 즐길 수 있는 복합 문화 공간.

15. **누데이크하우스 노웨어 도산** 젠틀몬스터의 플래그십 스토어 내에 자리한 디저트 카페. 상식을 뛰어넘는 새롭고 창의적인 디저트 메뉴를 선보인다.

16. **벤슨크리머리서울** 프리미엄 아이스크림 브랜드. 재료 본연의 맛과 품질에 집중한 프리미엄 아이스크림을 즐길 수 있다. 2층 테이스팅 라운지에서는 유명 셰프와 협업한 플레이팅 아이스크림도 제공한다.

압구정
로데오역
압구정
로데오거리
GS25
CU
로데오
현대아파트
압구정
로데오
서울밝은세상
안과의원
도산공원
르노안경
뮤지엄
에르메스
메종도산
호림아트센터
도산공원

4. 오래된 시장 골목에 스며든 힙… 신당동 골목

아직도 신당동을 떡볶이 타운으로만 기억하고 있는가? 동대문과 인접해 패션업 종사자들이 많이 모여들고, 오랜 세월을 머금은 노포와 마지막 쓰임을 기다리는 오래된 물건들이 자리를 지키고 있는 황학동과 동묘시장. 이곳은 한때 노인들의 놀이터처럼 비치기도 했지만 최근에는 빈티지와 앤티크 감성이 가득한 특유의 매력을 지닌 올드 타운으로 입소문이 났다. 덕분에 억지로 꾸며낸 레트로가 아닌 '찐' 레트로 감성을 느끼기 위해 이곳을 찾는 젊은이들이 부쩍 늘었다. 또한 최근 오래된 골목 특유의 분위기를 간직하면서도 내부에 들어서면 전혀 다른 풍경이 펼쳐지는 감성 카페와 와인 바, 작지만 아이디어 넘치는 젊은 셰프들과 예술가의 다이닝이 골목 구석구석 들어서며 원 & 온리의 공간을 방문해 경험하고 기록하는 것을 즐기는 요즘 세대의 취향을 저격하고 있다. 이곳의 분위기는 을지로, 문래동, 남영동 같은 오래된 골목들이 외식 상권으로 주목받기 시작하던 당시의 모양새와 조금은 다르다. 이 거리는 특정 산업단지나 공업단지가 아닌 언제나 분주하게 사람들이 오가던 '목 좋은' 시장 골목이자 주요 상업 지역으로, 시민들의 외면을 받은 적 없이 늘 활기차게 살아 숨 쉬던 곳이었다. 다만 시대의 흐름에 따라 사라지는 것과 새롭게 피어나는 것들이 교차하면서 골목을 채우는 조각 하나하나가 변화하기 시작한 것. 그만큼 오가는 연령대도 다양해져 구석구석 숨은 명소들을 찾아 일부러 찾아오는 골목 여행자들을 불러들이고 있는 것이다. 언제나 그러했듯 골목은 과거와 현재가 공존하는 시기가 가장 매력적이다.

레스토랑

1. **라까예** 현지의 스트리트 타코 부스를 연상시키는 신당중앙시장 내 타코 전문점. 직접 구운 토르티야에 현지 맛에 가까운 풍미의 타코를 올려 낸다.

2. **직화장인 신당본점** 충청도 일대의 고산지대에서 사육한 180일령 미만의 암퇘지만을 엄선해 사용하는 고기구잇집. 참치 배꼽살 모양의 돼지 특수부위 돈마구로살이 시그니처다.

3. **고사리익스프레스** 채식의 캐주얼화를 모토로 반주를 즐길 수 있는 누들 숍. 고사리 오일 소스를 활용한 다양한 누들 메뉴를 경험할 수 있다.

4. **옥경이네건생선** 신당중앙시장 내에 자리한 반건조 생선 전문점. 어업을 하는 가족의 도움을 받아 100% 자연산 생선을 현지에서 직접 공수해온다. 갑오징어·우럭·민어 등이 특히 인기다.

5. **하니칼국수** 오픈 전부터 긴 줄이 늘어서는 공간. 직접 뽑은 칼국수 면을 곁들인 알곤이칼국수가 대표 메뉴다.

6. **디핀** 음식과 와인, 음악이 어우러지는 경험을 나눌 수 있는 공간을 지향하는 다이닝 & 와인 바. 프렌치를 기반으로 한 창의적인 요리를 선보인다.

7. **우육미** 안심과 등심을 한 번에 맛볼 수 있는 티본스테이크를 합리적인 가격으로 제공하는 곳.

카페 & 디저트

8. **레레플레이** 오래된 여인숙 건물을 디자이너의 감각으로 개조해 감각적인 공간으로 재탄생시킨 카페.

9. **태와재** 바리스타 챔피언 출신이 선보이는 필터 커피와 우유, 코코넛 밀크를 블렌딩한 시그니처 커피 등을 선보이는 공간.

10. **단미쌀디저트** 밀가루가 단 1g도 들어가지 않은 쌀 디저트를 만드는 곳. 대표 메뉴는 휘낭시에와 에그타르트로 부드럽고 촉촉한 식감이 특징이다.

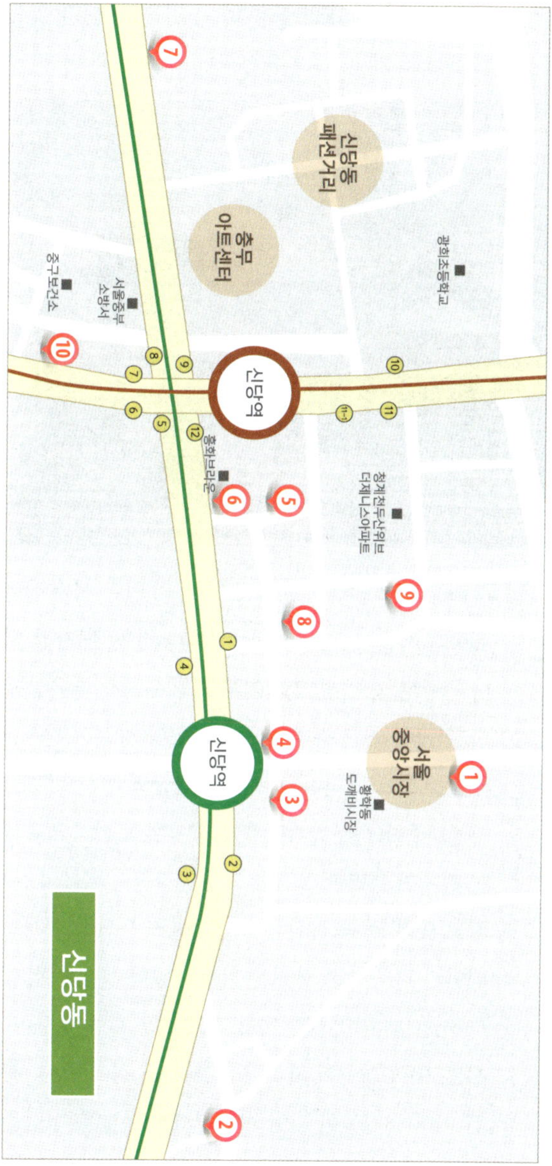

신당동
신당역
신당역
서울 중앙시장
황학동 도깨비시장
청계천두산위브 더제니스아파트
흥화브라운
신당동 패션거리
충무아트센터
광희초등학교
서울중부소방서
중구보건소

5. 한옥 지붕 아래 공존하는 과거와 현재의 맛…서촌 골목

서촌은 '경복궁 서측에 위치한 마을'이란 뜻으로 자하문로와 옥인길 일대를 포함하는 지역이다. 서울 내 전통의 올드 타운으로서 중요한 역사적 가치를 지니고 있을 뿐만 아니라 오래된 한옥이 어우러진 골목 특유의 분위기와 전통 시장인 통인시장, 소규모 갤러리 등 볼거리가 풍족해 다양한 콘텐츠를 담고 있다. 이 같은 서촌 상권이 새삼 주목받고 있다. 청와대 개방과 서울시 글로컬(Global+Local) 상권 지정, 글로벌 K-컬처의 부흥을 통한 한국 관광 활성화, 엔데믹 이후 해외 관광객 재유입 등 관광 활성화도 호재로 작용했다. 안국역 인근 북촌 상권과 삼청동 상권이 활성화되며 이어지는 상권 일대가 시너지를 일으킨 영향도 크다. 경복궁역 인근으로는 호프집, 고깃집 등이 몰려 있는 세종마을 음식문화거리가 있으며 골목 안쪽으로 향할수록 서촌에서만 만날 수 있는 작지만 특별한 상점과 외식 공간들이 골목의 분위기에 걸맞게 고즈넉하게 자리하고 있다. 골목 특성상 프랜차이즈 음식점과 제과 영업점이 들어서는 것이 제한되었던 점도 기존 상권을 지키고 골목 특색을 잃지 않을 수 있었던 계기로 작용했다. 서울 내 여러 상권들이 뜨고 지는 와중에 큰 변화 없이 숨 고르기를 하고 있던 서촌. 외식 상권이 자리 잡은 시간도 길어 오랜 세월 영업 중인 노포와 새롭게 생긴 미식 공간들이 다양하게 함께해 폭넓은 연령층이 공존한다는 점도 서촌의 큰 매력이다.

레스토랑

1. **도량** <흑백요리사> 철가방 셰프의 식당으로 유명세를 탄 곳. 훠궈샤부샤부와 팔보완자, 동파육 등 한국인의 입맛에 맞는 중식 요리를 선보인다.

2. **온지음레스토랑** 조선왕조 궁중 음식 이수자 조은희 방장과 박성배 연구원이 이끄는 팀원들이 한식의 깊은 뿌리를 느낄 수 있는 요리를 선사하는 한식 파인다이닝.

3. **까델루뽀** 한옥에 자리한 이재훈 셰프의 이탤리언 레스토랑. 계절의 변화를 담은 코스 요리를 경험할 수 있다.

4. **안주마을** 주당들의 성지이자 웨이팅 전쟁이 벌어지는 경복궁의 명소. 해산물 중심의 안주를 선보인다.

5. **토속촌삼계탕** 전국적으로 유명한 삼계탕집. 1983년 개업 이래 본점만을 운영하며 다양한 견과류를 넣은 건강한 삼계탕 맛을 지켜가고 있다.

6. **칸다소바** 도쿄 칸다라멘 대회 우승 경력을 자랑하는 곳으로 마제소바의 유행을 선도한 맛집.

7. **바참** 전국의 숨겨진 전통주를 칵테일로 재해석해 선보이는 전통주 칵테일 바. '아시아 베스트 바'에 선정되기도 했다.

8. **독도16도** 주안상을 주제로 한국 고유의 술과 음식을 차려내는 한국 술집. 제철 재료를 사용한 음식과 전통주의 마리아주가 훌륭하다.

9. **호라파** 숯 향과 향신료, 허브의 풍미로 가득한 태국 길거리 요리에서 영감받은 특색 있는 태국 요리를 맛볼 수 있는 곳.

10. **용금옥** 1932년에 영업을 개시한 오랜 전통의 추어탕 전문점. 미꾸라지가 통째로 들어간 서울식 통추어탕이 대표적이다.

카페 & 디저트

11. **효자베이커리** 서촌을 대표하는 전통의 베이커리. 옥수수가 알알이 씹히는 콘브레드가 대표 메뉴다.

12. **서촌스코프** 영국식 디저트를 만날 수 있는 베이커리로 커다란 스콘이 시그니처 메뉴다.

13. **아키비스트서촌** 아인슈페너 맛집으로 이름난 곳. 커피 위에 올린 묵직하고 탱탱한 크림은 아이스크림을 방불케 한다.

13
3
효자로
11
통인시장
2
12
서촌마을
스페이스
월링앤딜링
10
8
9
7
티피카
통의동
우체국
6
1
5
LG전자베스트샵
대림미술관
세종마을
음식문화거리
4
서촌
경복궁역
1
7

6. 고고한 전통문화의 품위… 북촌 골목

서울 북촌 상권은 전통과 현대가 절묘하게 어우러진 지역으로 한옥의 정취와 세련된 감각이 공존한다. 조선시대 양반가의 거주지였던 북촌은 오랜 세월을 품은 한옥마을을 중심으로 고풍스러운 분위기를 유지해왔다. 서울의 가장 오래된 모습을 간직하고 있는 골목이 현재 가장 주목받는 배경에는 로컬리티(Locality)와 정체성 있는 공간 소비를 지향하는 트렌드가 자리 잡고 있다. 성수동이나 을지로가 '낡음의 재발견'이라면, 북촌은 '전통의 재해석'이라 할 수 있다. 외식 상권의 관점에서 보면 북촌은 스토리텔링이 가능한 입지라는 점이 두드러진다. 골목 사이사이에 자리한 한옥을 개조한 한식 다이닝, 전통 찻집, 수제 맥주 펍 등의 미식 공간들은 북촌의 고즈넉한 분위기와 어우러지며 방문객에게 일상과는 다른 식문화 경험을 선사한다. 갑자기 뜬 상권이 아니라 시대의 흐름에 따라 천천히 다져온 골목의 내공을 담은 노포와 트렌디한 외식 공간이 공존한다는 점도 젊은 층에게는 신선한 재미를 선사한다. 최근 K-컬처의 인기로 인해 국내를 찾는 외국인 관광객이 증가한 점도 주효했다. 한국적인 아름다움을 품은 북촌 상권은 인근의 경복궁, 창덕궁, 삼청동과 연결되는 도보 관광 동선 안에 있어 관광객의 유입 효과가 크다. 전통과 감성을 담은 로컬 브랜드나 프리미엄 식음료 브랜드가 콘텐츠를 확립하고 정체성을 구축하기에 북촌 골목은 더없이 유리한 장소다. 지금 전례 없는 활력을 띠고 있는 이곳에서는 갤러리 등의 문화 공간과 감도 높은 F&B 공간을 필두로 각종 소매점 및 체험형 뷰티 숍, 대형 리테일 브랜드의 플래그십 스토어와 팝업 스토어가 들어서며 상권의 성숙기를 알리고 있다.

레스토랑

1. 안암 맑게 끓인 돼지국밥에 고수를 더한 안암국밥과 라임을 곁들인 제육, 단출한 메뉴로 유명세를 탄 곳.

2. 깡통만두 매일 아침 직접 뽑은 생면과 만두피에 정성껏 소 재료를 다져 새우만두와 고기만두를 빚는다. 전골과 칼국수, 만둣국, 비빔국수 등의 메뉴를 선보이는 곳으로 매장 앞은 늘 대기 손님으로 북적인다.

3. 미쉬매쉬 컨템퍼러리 코리안 다이닝. 창밖으로 창덕궁이 바라보이는 유명한 뷰 맛집이기도 하다.

4. 용수산 한옥의 아름다움 그리고 한식의 맛과 멋을 모두 즐길 수 있는 품격 있는 한정식집. 접대나 상견례, 모임 등의 명소로 통한다.

5. 르꼬숑 다양한 문화적 영감을 스토리 있는 프렌치 코스로 풀어내는 정상원 셰프의 공간. 2020년 겨울 원서동으로 이전했다.

6. 더그린테이블 원서동 공간 사옥 내에서 한국 제철 식재료로 코리안 프렌치를 선보이는 레스토랑. 김은희 셰프의 공간으로 프렌치 요리 베이스에 한식의 발효·사찰·궁중요리 기법이 결합된 유일 무이한 요리를 선보인다.

7. 꽃밥에피다 북촌 친환경 그로서란트 친환경 한식 레스토랑 '꽃,밥에피다'에서 운영하는 그로서리 스토어. 편하고 건강하게 먹을 수 있는 친환경 밀키트와 친환경 즉석식품, 친환경 농산물 등이 가득한 곳이다.

8. 스미스가좋아하는한옥 1860년대에 지은 한옥을 개조한 레스토랑. 피자, 파스타 등 다양한 이탈리아 요리를 선보이며 고즈넉한 한옥과 소박한 중정이 어우러져 파티 장소로도 인기가 높다.

9. 황생가칼국수 2001년 북촌칼국수로 시작해 현재까지 깊고 진한 한우 사골 육수를 사용한 칼국수와 손으로 직접 빚은 만두를 판매한다.

카페 & 디저트

10. 아티스트베이커리 방금 나온 소금빵과 바게트 그리고 따뜻한 수프가 기다리는 베이커리. 런던베이글뮤지엄의 디렉터 료(Ryo)가 선보인 공간이다. 소금빵을 다채로운 맛과 식감의 베리에이션으로 선보인다.

11. 커피브론즈 카페바리스타아카데미에서 운영하는 로스터리 카페. 커피 맛뿐만 아니라 켜켜이 쌓인 딸기로 가득한 쇼트케이크도 유명하다.

12. 오설록티하우스 북촌점 1960년대에 지은 양옥을 리모델링한 티 하우스. 오설록의 다양한 티와 기와무늬 와플 등 한국적인 디저트를 맛볼 수 있다. 티 마스터와 함께하는 티 코스도 체험해볼 만하다.

경복궁길
미술관의거리
정독
도서관
북촌
한옥마을
북촌
서울교육
박물관
재동초등학교
국립현대미술관
서울관
현대
원서공원
CU
헌법재판소
하나은행
현대빌딩
덕성여자
중학교
덕성여자
고등학교
갤러리
더플릭스
스타벅스
열린송현
녹지광장
안국역

7. 한강로 따라 들어선 트렌디한 맛… 용리단길 골목

신용산역에서 삼각지역을 잇는 한강대로 뒷골목은 몇 년 새 서울 시내 외식 상권에서 가장 큰 변화의 파도가 일어난 곳이다. 일대가 재개발 직접 영향권에 속해 대규모 주상복합 주택과 아모레퍼시픽, LS용산타워, 하이브 등 대기업 사옥이 들어서면서 골목의 작은 주택들을 개조한 트렌디한 외식 공간들이 하나둘 생겨나기 시작했다. 골목의 역사를 간직한 오래된 건물과 노포, 트렌디한 브랜드의 외식 공간들이 어우러진 풍경은 이곳만의 고유한 매력이 되었다. '용리단길'이라는 별칭을 얻은 지 몇 해의 시간이 지나며 이 일대는 현시점 가장 핫한 외식 상권으로 자리잡았다. 고정 유동 인구 증가로 평일 낮에는 인근 직장인들의 모습도 쉽게 찾아볼 수 있으며 MZ세대들의 취향을 저격한 핫 플레이스들을 일부러 찾아오는 수요도 많아 평일, 주말 할 것 없이 활기가 넘친다. 외식 암흑기였던 코로나19 시기에도 마치 순간 이동을 한 듯 이국적인 분위기의 식당들이 많아 여행의 갈증을 풀어주는 역할을 했으며, 기존에 있던 노포들과 어우러진 특유의 감성으로 오히려 상권 자체가 더욱 유명해졌다. 콘텐츠를 잘 활용한 스타 외식 브랜드가 탄생해 타 상권으로 진출하기도 하고 성수동, 도산공원 등 젊은 층이 선호하는 외식 상권에서 이름난 브랜드들이 용리단길에 터를 잡기도 하면서 오래된 거리의 변화에 속도를 높이고 있다.

레스토랑

1. **양인환대** 한국식 양고기 전문점. 화력 좋은 참숯으로 1년 미만의 호주산 램을 바에서 직접 구워준다.

2. **현선이네 용산본점** 포장마차로 시작해 여러 지점을 두고 있는 분식집이 됐지만 본점 용산점의 인기는 여전하다.

3. **효뜨** 남준영 셰프의 베트남 음식점. 다양한 베트남 현지의 국수와 와인을 함께 마리아주한 깊이 있는 요리를 경험할 수 있다.

4. **쌤쌤쌤** 샌프란시스코에서의 경험을 녹여낸 셰프의 요리를 맛볼 수 있는 공간. 친숙하고 따뜻한 미국식 요리에 가미된 다양한 문화의 터치가 인상적인 공간.

5. **작은수산시장(요리가있는집)** 채성태 대표의 해산물 전문점. 대표 메뉴는 매일 새벽 수산시장에서 직접 공수한 해산물을 활용한 오마카세 코스로 이를 찾는 오랜 단골들이 많다.

6. **원대구탕** 1979년부터 40년 넘는 세월 동안 맛을 이어가고 있는 삼각지 대구탕 골목의 터줏대감.

7. **몽탄** 짚불구이 우대갈비 유행을 선도한 곳. 청어알, 양파김치 등의 곁들이는 물론 소스와 찬의 조화가 특색 있다.

8. **문배동육칼** 투박하게 썬 대파를 듬뿍 넣은 진하고 칼칼한 육개장 국물에 두터운 칼국수 면을 즐기는 육개장칼국수의 원조 격인 곳.

9. **명화원** 삼각지의 노포 중식당. 두툼한 찹쌀탕수육과 군만두는 맥주 한잔 곁들이기에 그만이다.

카페 & 디저트

10. **테디뵈르하우스** 로맨틱한 파리의 느낌을 담은 인테리어와 테디베어가 심벌인 크루아상 전문점. 다양한 비에누아즈리와 브런치 메뉴들을 맛볼 수 있다.

11. **도토리** 지브리 애니메이션 감성의 동화 같은 인테리어의 카페. 수제 그릭요거트와 그래놀라 전문점이며 도토리 모양의 빵도 인기 메뉴다.

12. **모센트** 삼각지역 인근의 로스터리 카페. 커피 본연의 맛에 충실한 다양한 하우스 블렌드 원두로 내린 브루잉 커피는 물론 바리스타 고유의 레시피를 담은 시즈널 음료도 다양하게 선보인다.

13. **인바이티드** 3층 단독주택을 리모델링해 색, 향, 소리를 주제로 다양한 로스터리의 맛과 감성을 소개하는 복합 문화 공간 겸 카페.

용산CJ
용리단길
삼각지
역
용산소방서
KCS
천주교
삼각지성당
벽산메가트리움
용리단길
신용산
역
용산공원

8. 작고 소중한 취향 가게들의 매력… 연남동 골목

2016년 경의선 숲길 공원, 이른바 '연트럴 파크'가 조성된 다음 치솟은 임대료와 포화 상태에 이른 홍대 인근에서 넘어온 예술가들이 하나 둘 둥지를 틀며 공방들과 가게들이 모여 태동했던 연남동 골목. 그 후 이곳은 숲길 공원을 중심으로 연남동, 동교동, 서교동으로 뻗어나가는 대형 상권으로 성장했다. 경의선 숲길 옆쪽으로 상권이 퍼져나가다 보니 굳이 구별하지 않고 이 지역을 최초 상권이 태동한 연남동으로 으레 통칭해 부르곤 한다. 수년간의 부침을 오가면서도 경의선 숲길 골목은 더욱 단단하게 뿌리를 내리고 있으며 이제 홍대 옆 동네, 혹은 쇠락에 대한 불안을 논하는 반짝 상권이 아니라, 이곳만의 고유한 골목 상권과 문화를 만들어나가고 있다. 일자로 뻗은 숲길을 사이에 두고 연남동과 동교동 양쪽으로 외식 상권이 크게 형성되어 있는데, 연남동 방면은 동교동 방면에 비해 주택가 느낌이 더욱 강하며 가게들 역시 매우 촘촘하게 자리하고 있다. 평범함을 거부하는 힙스터들의 발걸음을 시작으로 독특하고 섬세한 매력을 갖고 있는 다양한 상점과 음식점들이 생겼다 없어지기를 반복하면서 지금도 여전히 외식의 새로운 트렌드를 만들어가고 있는 연남동. 이곳의 가장 큰 매력은 바로 골목 사이사이에 자리 잡은 다양한 음식 문화의 공존일 것이다.

레스토랑

1. **니시무라멘** 일본 후쿠오카에서 미쉐린 퓨전 부문 1스타를 받은 니시무라 다카히토 셰프가 직접 만드는 라멘을 맛볼 수 있다. 닭뼈 육수와 김 오일을 겨틀인 교카이파이탄라멘은 서울 한정 메뉴다.
2. **랑빠스81** 프렌치 다이닝 바. 직접 만든 샤퀴트리를 활용한 안주 메뉴가 훌륭하다.
3. **도부** 제철 솥밥과 페어링 메뉴들을 내추럴 와인, 전통주, 하이볼 등과 함께 즐길 수 있는 곳. 4코스로 마련한 가성비 높은 런치 코스도 인기다.
4. **바다회사랑** 싱싱한 회를 두껍게 썰어 접시에 수북하게 쌓아 올려 내며 특히 대방어 제철에는 어마어마한 웨이팅을 자랑한다.
5. **사루카메** 쇼유라멘을 전문으로 하며 차슈 토핑 양에 따라 가격이 달라진다. 육수는 닭과 바지락 중 고를 수 있다.
6. **스시지현** 가성비로 소문난 판초밥 전문점. 모둠초밥 10피스 판초밥을 1만 원대에 즐길 수 있으며 네타의 구성과 두께가 실하다. 판초밥을 주문하면 자완무시와 우동이 코스로 나온다.
7. **야키토리묵** 숯불과 짚불을 이용한 일본식 꼬치 요리를 즐길 수 있는 공간.
8. **바롤로** '트라토리아몰토' 오희석 셰프가 운영하는 이탤리언 레스토랑. 감미로운 음악과 함께 음식에 어울리는 다양한 와인을 즐기기 좋다.
9. **상해소흘** 대중성 있는 다양한 중식 메뉴를 제공하는 중식 맛집. 밥 손님보다는 술 손님들에게 인기다.
10. **연교** 직접 만든 수제 만두와 딤섬, 간단한 식사류를 판매하는 곳. 중국과 대만에서 거주하면서 쌓은 경험으로 현지의 조리법을 기반으로 한국인의 입맛에 잘 맞는 만두를 선보인다.

카페 & 디저트

11. **커피냅로스터스** 연남동 기찻길 끝에 자리한 스페셜티 커피 전문점. 높은 퀄리티의 커피를 자랑한다.
12. **조앤도슨** 오븐에 구운 뒤 표면을 그을린 강한 비주얼의 프렌치토스트 맛집으로 유명한 곳.
13. **얼스어스** '제로 웨이스트'를 적극 실천하는 플라스틱 제로 카페. 딸기요거트케이크, 피스타치오카사타, 코르타도 커피가 대표 메뉴.
14. **펠른** 핸드드립 커피, 사이폰 커피 등을 맛볼 수 있는 커피 바. 다양한 맛과 향의 커피와 디저트 페어링을 선보이는 커피 오마카세를 즐길 수 있다.

연남동
11
3
8
7
13
GS25
이마트24
연남동
주민센터
9
12
1
세븐일레븐
더블라썸
게스트하우스
GS25
홍익디자인
고등학교
14
GS25
경의선
숲길
10
5
MJ하우스
6
GS25
4
홍대
입구역
2

9. 재개발 물결 속 새로운 시작… 을지로 3가 골목

을지로 골목에는 상호 앞에 '을지로'가 붙는 경우가 많다. 그만큼 상징성을 지니고 있는 이 거리는 젊은 층을 중심으로 한 뉴트로 트렌드와 맞물리며 많은 주목을 받았다. 억지로 만들어낼 수 없는, 세월이 만든 특유의 분위기와 골목이 지닌 역사 위에 오늘날의 이야기가 덧씌워지고 시너지를 일으키며 강북권의 대표적인 핫 플레이스 외식 상권으로 자리 잡았다. 생명력을 잃어가던 골목이 구석구석 새롭게 생긴 공간들로 인해 개성 넘치는 색채로 물들면서 이렇게 모여든 공간들은 골목의 수식어를 '힙지로'로 만들어버렸다. 간판도 없이 구석구석에 보물찾기 하듯 숨어 있는 공간들이 생각지도 못한 곳에서 짠 하고 나타나곤 하지만 이 또한 을지로의 즐거움. 상권의 화제성은 최고점을 찍고 나서 몇 년이 흘러 조금은 힘이 빠졌으며 '세운재정비촉진사업'이 속도를 내면서 많은 변화가 일어나고 있다. 특히 세운상가 일대는 노포가 밀집된 지역으로 개발계획 과정에서 보존과 개발로 나뉜 여론이 들끓던 곳이기도 하다. 시끌벅적했던 노가리 골목에도 많은 변화가 있었다. 많은 가게의 불빛이 스러진 골목에는 역사의 존속과 새로운 변화, 그리고 그 사이에서 불거진 안타까운 갈등이 뿜어져 나온다. 재개발 구역에서 수십 년간 영업하던 대부분의 노포는 인근에서 새로 오픈을 하거나 을지로를 떠나 다른 골목에서 새로운 시작을 알리기도 했고, 목을 옮겨 장사를 지속할 여력이 되지 않아 역사 속으로 사라진 공간들도 있다. 하지만 기본적으로 유동 인구가 많고 인근 고정 거주 인원도 많은데다 낡고 오래된 건물이 대부분인 탓에 상대적으로 주요 상권 중에서 임대료가 낮게 형성되어 있어 특색을 갖춘 공간들이 지속적으로 생겨날 여지가 많다. 을지로의 문화를 만들어가는 이러한 장소들은 변화의 파도 속에서도 지금의 을지로를 충분히 즐겨야 할 이유가 된다.

레스토랑

1. 이남장 50년 전통의 설렁탕 노포 '이남장'의 본점. 48시간 이상 우려낸 한우 양지 사골 국물의 깔끔하면서 진한 맛이 특징이다.

2. 안동장 1948년 개업한 서울에서 가장 오래된 중국집 중 하나. 식사 메뉴가 훌륭한 편이며, 겨울철에는 굴짬뽕이 인기다.

3. 산수갑산 찹쌀밥이 꽉 찬 대창순대로 유명한 곳. 오소리감투, 간, 돈설 등 다양한 부속 부위를 맛볼 수 있는 순대모둠이 인기다.

4. 을지로보석 을지로에서 단연코 가장 핫한 주점으로 2시간의 시간 제한이 존재한다. 소주는 판매하지 않으며 맛깔난 안주들이 수준급이다.

5. 달맞이광장바베큐 산청숯불가든 팀이 선보인 즉석 바비큐 전문 브랜드. 죽염숯불바비큐는 대나무 장작불로 열 번 이상 구워낸 죽염과 대나무 진액을 발라 숯불에 구워낸 이곳의 대표 메뉴다.

6. 을지OB베어 노가리 골목에서 40여 년간 영업해온 생맥주 전문점. 특유의 청량한 냉장 숙성 생맥주와 가게의 히스토리 덕에 오랜 단골이 많다.

7. 보틀러 와인 러버들의 무한한 애정을 받고 있는 공간. 와인을 보틀로 주문해 충분히 즐길 수 있도록 방문 고객이 1인 1병을 주문하면 와인의 가격을 30% 할인가로 판매한다.

8. 산청숯불가든을지로 산청을 테마로 재래식 소금구이와 양념구이 등을 선보이는 돼지고기 전문점.

9. 올디스타코 빈티지 아메리칸 스타일의 줄 서서 먹는 힙한 감성의 타케리아. 비리아타코와 소프트타코인 올디스타코, 도리토스나초 칩을 곁들인 메가밤스낵이 인기.

카페 & 디저트

10. 커피한약방 옛 혜민서 터에 자리한 카페. 역사적 의미가 깃든 장소인 만큼 과거의 향수를 자극하는 공간으로 꾸며져 있다. 핸드드립으로 내려주는 필터 커피는 꼭 맛봐야 한다.

11. 호랑이 세운대림상가 3층에 자리한 아담한 카페. 고소한 호랑이라테가 시그니처로 방문 시 매장 앞 인증 샷은 필수.

을지로노가리
골목
을지로
3가역
을지로4가
우체국
을지로
골뱅이
골목
제이
매크로타워
양가주망
명보아트홀
호스텔
케이팝
명보
사거리
나인트리바이
파르나스
서울명동 II
가가하우스
을지로3가

10. 패션 쇼핑의 성지 속 컬러풀한 맛…이태원-한강진 골목

이태원역에서 한강진역 사이로 펼쳐진 대로변에는 다양한 브랜드의 편집숍, 플래그십 스토어가 길게 늘어서 있다. 그중 일본의 패션 브랜드 꼼데가르송의 플래그십 스토어에서 이름을 따 이 거리를 '꼼데가르송길'이라는 별칭으로 칭하기도 하고 한강진역의 이름을 따 '한강진길'이라고 부르기도 한다. 제일기획 건물에서 한강진 역으로 이어진 방면으로는 '현대카드 라이브러리', '블루스퀘어' 같은 음악·미술·공연 등을 즐길 수 있는 문화 공간들이 들어서 있으며, 그 뒤로는 경사로를 따라 '나인원 한남'을 비롯한 새롭게 들어선 고급 주택 단지와 재개발을 앞두고 있는 오랜 주거 단지가 공존하고 있다. 이태원역에서 한강진역을 잇는 복잡하게 연결된 골목의 이면으로 들어서면 입소문난 카페, 베이커리, 바, 다이닝들이 알차게 들어서 있다. 최근에는 국내 기반 패션 브랜드의 쇼룸이 블루스퀘어 뒷골목으로 대거 입점하며 패션 거리의 면모도 드러내고 있다. 각자의 개성을 갖춘 패션 브랜드 상점 앞에는 한정 상품 구매나 이벤트 참여를 위한 긴 줄이 늘어서 있기도 하다. 외식 상권은 아주 큰 변화는 없이 유지되는 모양새로 꽤 오래 터를 잡은 붙박이 공간들이 많다. 유동 인구가 많은 블루스퀘어 인근에는 가벼운 음식 위주의 식당과 카페들이 주류라면 건너편 꼼데가르송 인근으로는 보다 조용하고 고급스러운 바와 다이닝들의 비중이 높다.

레스토랑

1. 스시상남 '스시타쿠', '스시코마츠'의 이상남 셰프가 오픈한 스시 오마카세. 단골 위주로 운영해 외부 간판이 없다.

2. 치즈플로 한남동에 위치한 치즈 전문 레스토랑으로 '쉐플로' 조장현 셰프의 공간이다. 10여 가지가 넘는 치즈를 직접 만들고 판매한다.

3. 나리의집 냉동 대패삼겹살 전문점. 곁들이로 주인 할머니가 손수 띄운 청국장 메뉴가 인기다.

4. 군몽 뉴욕 미쉐린 스타 레스토랑 출신 오너 셰프가 운영하는 아메리칸 다이닝. 분위기 있는 공간에서 최고의 드라이에이징 스테이크와 시즈널 차콜 그릴 메뉴를 즐길 수 있다.

5. 몽크스부처 비건 전문 다이닝 레스토랑. 다채로운 비건 플레이트와 비건 와인을 즐길 수 있다.

6. 주파카 스페인, 남미 요리를 타코로 풀어내는 공간. 여러 가지 고추를 사용해 다양한 맛을 선보이며 1인 운영 업장으로 예약은 필수다.

7. 부토 '좋은 재료는 흙에서 온다'는 생각에서 출발해 황토로 내외부를 꾸민 한식 바. 독창적인 한식 요리와 술을 즐길 수 있다.

8. 5412 토속적인 한식 메뉴와 전통주, 막걸리 등의 페어링을 선보이는 한식 바.

카페 & 디저트

9. 베이커리오월의종 천연 발효종을 이용한 건강한 빵 맛을 선보이는 곳. 바게트와 치아바타, 호밀빵 등 밀가루와 물, 소금을 기반으로 한 주식으로서 빵 본연의 가치를 중시하는 베이커리다.

10. 패션5 SPC삼립의 국내 유일 프리미엄 블랑제리 카페 & 레스토랑.

11. 재인 디저트와 함께 다양한 칵테일을 페어링할 수 있는 공간. 계절별로 새로운 가토(케이크)와 구움과자가 업데이트된다.

12. 터치 디저트 아카데미로 이름난 '허니비서울'의 다양한 프렌치 가토와 구움과자 그리고 젤라토와 음료, 통밀 크루아상들을 선보이는 곳.

이태원-한강진
한강진역
10
7
리움 미술관
CU
사운즈S
8
4
6
2
3
이태원 관광특구
9
1
현대카드 스토리지
우리은행
11
나인원 한남
주한우크라이나 대사관
수협
CU
5
유니언타운 한남
12
대림아르빌 아파트

11. 하이엔드 미식의 집결지… 청담동 골목

하이엔드 상권의 대명사로 군림하며 고급스럽고 성숙한 외식 상권이 형성되어 있는 청담동 골목은 인접한 도산공원 상권과는 또 다른 매력을 지니고 있다. 도산공원 상권은 많은 방문객이 외부에서 유입되는 캐주얼하고 대중적인 분위기인 데 반해 도로 하나를 사이에 둔 청담동 골목은 사뭇 다른 분위기를 풍긴다. 예전부터 명품거리, 카페거리 등의 별칭으로 불린 청담동 골목은 좀 더 차분한 느낌이며 각각의 업소는 프라이빗한 분위기가 특징. 대로변으로는 화려한 세계 명품 브랜드의 플래그십 스토어들이 자리 잡아 골목을 감싸고 있는데 마치 건축 예술품을 전시한 거리의 미술관을 방불케 한다. 골목에 들어서면 언덕길로 이루어진 길 사이사이로 웨딩 숍과 헤어 숍, 명품 브랜드 편집숍, 디자이너 부티크, 그리고 많은 외식 공간이 들어서 있는데 대부분은 외부로 존재감을 크게 드러내기를 꺼린다. 골목 전체의 결이 그렇기도 하지만 걸어 다니면서 구경하고 즐길 거리가 있는 골목이 아니라 각자의 목적지에 차량으로 이동하는 방문객들이 대부분이기 때문이다. 국내의 하이엔드 문화를 대표하는 골목인 만큼 레스토랑 역시 비슷한 성향을 띤다. 트렌디한 패션과 라이프스타일의 중심지이지만 국내의 하이엔드 다이닝 문화가 피어난 역사를 지닌 골목이기도 하기에 1세대 파인다이닝을 비롯해 수십 년간 맥을 이어가고 있는 외식 공간들도 의외로 많다. 현재 다이닝 신에서 가장 주목받는, 예술적 경지에 이른 파인다이닝에서부터 고급 라이프스타일의 일부로서 자리한 레스토랑과 카페, 그리고 국내에서 손꼽히는 프라이빗한 고급 바까지 다양한 공간이 공존한다.

레스토랑

1. 정식당 서울과 뉴욕을 기반으로 현대적이고 독창적인 새로운 한식을 선보이는 임정식 셰프의 파인다이닝 레스토랑.

2. 펄쉘 청담 산지에서 직송받는 다양한 지역의 굴과 프렌치 베이스의 음식을 제공하는 오이스터 바.

3. 트리드 '모수' 출신 강승원 셰프의 모던 퀴진 레스토랑. 다양한 문화권의 터치가 접목된 코스 요리를 섬세하게 표현한다.

4. 벤더 이희준 셰프가 이끄는 데판 다이닝. 엄선된 식재료를 가치 있고 조화롭게 펼쳐낸다.

5. 10꼬르소꼬모카페 유명 편집매장에 자리한 카페 겸 레스토랑. 감각적인 공간 속에서 트렌디한 유러피언 요리와 음료를 즐길 수 있다.

6. 울프강스테이크하우스 '피터루거스테이크하우스'에서 수석 웨이터로 근무했던 울프강 츠바이너가 경험과 경력을 살려 문을 열었다. 드라이에이징 스테이크가 대표 메뉴.

7. 강민철레스토랑 조엘 로부숑, 알랭 뒤카스, 피에르 가니에르 등 세계 3대 프렌치 거장의 레스토랑을 모두 거친 강민철 셰프가 한국의 식재료를 재해석해 선보이는 프렌치 퀴진.

8. 가겐 최현아·원진희 부부 셰프가 이끌어가는 가이세키 요리점. 깨를 눈앞에서 볶아 즉석으로 무쳐주는 요리, 고사리 뿌리 전분으로 만든 와라비모찌, 성게를 듬뿍 올린 국수 요리 등 계절감과 특색을 모두 갖춘 요리를 낸다.

9. 밍글스 '노부바하마'의 최연소 총괄 셰프 출신 강민구 셰프의 컨템퍼러리 다이닝. 한식을 기본으로 전통 장과 발효초, 제철 재료를 활용한 창의적인 음식을 만나볼 수 있다.

10. 스시마츠모토 조선호텔 '스시조'를 오랫동안 이끌었던 마쓰모토 미즈호 셰프가 운영하는 오마카세 전문점.

바 & 주점

11. 앨리스 청담 <이상한 나라의 앨리스> 속 세계로 들어온 듯 동화적이고 프라이빗한 분위기의 바.

12. 르챔버 월드 클래스 바텐더 대회에서 우승을 거머쥔 세 명의 바텐더가 의기투합해 문을 연 스피크이지 바. 클래식한 칵테일이 수준급이고 하드 리큐어의 종류도 다양하다.

13. 믹솔로지 일상 속 행복, 새로운 라이프스타일의 경험을 지향하는 칵테일 바. 개성 있고 독창적인 창작 칵테일을 경험할 수 있다.

14. 까사델비노 2002년에 오픈해 국내 와인 문화를 이끌어온 1세대 와인 바. 500~600종의 다양한 와인을 보유하고 있으며, 와인 선택에 대한 전문적인 도움을 받을 수 있다.

압구정 로데오역
3
더트리니티 플래이스
더클래스 청담
피규어 뮤지엄
스타벅스
청담동거리
GS25
신세계 인터내셔널본사
퍼스트라이트 타워
GS25
세븐일레븐
청담동

12. 용산 기찻길 옆 '맛의 경적'… 땡땡거리

신용산역과 삼각지역을 잇는 '용리단길'이 뜨면서 트렌디한 외식 공간의 집결지가 된 용산. 고개를 조금 돌려 바라보면 용산역 뒷골목에 들어선 미식 공간들이 심상치 않다. 하루 약 300차례 기차가 지나가 '땡땡거리' 혹은 '백빈건널목길'로도 불리는 이곳에는 과거 서울의 향수를 그대로 간직한 주택과 건물들이 옹기종기 자리하고 있다. 한강대로를 끼고 마주한 건너편에는 BTS의 소속사인 하이브(HYBE) 사옥이 들어서 '하이브 뒷골목'으로도 불린다. 시대를 상징하는 첨단 빌딩 숲과 빛바랜 사진 속에서 튀어나온 듯한 거리가 이웃하는 풍경은 훗날 돌이켜보면 이맘때만 누릴 수 있는 특혜이리라. 재개발을 기다리며 마지막 쓰임을 다하고 있는 골목 구석구석을 자세히 들여다보면 한옥 지붕 아래 자리한 와인 바, 인위적으로 흉내 낼 수 없는 세월의 감성에 현대의 맛을 덧칠한 다이닝과 카페들이 발길을 붙잡는다. 그 자체가 하나의 오브제마냥 어느 하나 같은 모양새가 없다. 오래된 집들에 터를 잡은 이런 감각적인 공간들이 선사하는 현대의 맛을 보는 순간, '땡땡' 하고 미각에 놀라움의 경적이 울린다.

카페 & 디저트

1. 올딧세 암석을 활용해 벽을 세워 마치 동굴 속에 들어온 듯한 착각을 불러일으키는 독특한 카페.

2. 해이커피앤바 낮에는 카페, 저녁에는 바(Bar)로 변모하는 공간. 오랜 한옥 주택의 골조를 살린 구조가 멋스럽다.

3. 폰트 스페셜티 커피와 디저트가 있는 로스터리 카페. '다리', '중계자'를 뜻하는 'Pont'의 의미처럼 작게는 커피와 사람, 크게는 산지와 소비자를 잇는 매개의 역할을 자처한다.

레스토랑

4. 웨이티하우스앤레스토랑 낮에는 티 하우스와 홍콩 특유의 식문화를 담은 차찬텡, 밤에는 레스토랑으로 변모하는 공간.

5. 쇼니노 상큼한 레몬으로 장식한 이탈리아 포지타노 감성의 공간. 와인과 함께 페어링할 수 있는 이탤리언 요리를 선보인다.

6. 우나 용산본점 나고야식 장어덮밥 히쓰마부시와 고소한 메로구이를 얹은 메로마부시를 선보이는 곳. 30여 가지 약재로 10시간 이상 숙성한 타래 소스를 바른 후 참숯에 구워 깊은 풍미가 전해진다.

7. 오근내2닭갈비 춘천식 닭갈비를 기본으로 용산의 기찻길에서 시작한 닭갈비 전문점. 싱싱한 닭다릿살과 비법 소스의 닭갈비에 우동 사리를 추가하는 것이 기본이다.

8. 메종루블랑 런치에는 프랑스 가정식, 디너에는 숯불 요리와 와인을 곁들일 수 있는 고즈넉한 분위기의 공간. 부드러운 텍스처의 수비드 삼겹살은 시그니처 메뉴다.

9. 앰버앰버 잔잔한 숯불(Ember)의 따뜻한 색감(Amber)에서 영감을 받은 이름으로, 숯불에 정성껏 익힌 요리를 제공하는 와인 다이닝.

10. 섬집 바다와 육지에 있는 제철 재료를 활용해 정성 가득한 한식 밥상을 차리는 곳. 비법 간장으로 만든 간장게장, 참게꽃게매운탕, 육전, 와다비빔밥 등이 대표 메뉴로 점심 백반도 알차다.

땡땡거리
용산역
하나은행
GS25
용산
푸르지오서밋
팔레드차밍
버틀러라운지
1
2
3
4
5
6
7
8
9
10
빽다방
탑뷰
공무원
NH농협은행
한강
초등학교
HYBE
본사
새마을
금고
교보생명
용산사옥

13. 호수 산책 후 만나는 맛길… 송리단길 골목

최근 몇 년 새 9호선의 연장 개통과 함께 인근 방이동까지 상권이 활성화되고 석촌호수와 롯데월드타워의 조망 등을 즐기려는 젊은 연령대의 유동 인구가 유입되면서 지하철 석촌역과 송파나루역을 양옆으로 두고 석촌호수를 마주한 지역 일대가 달라졌다. 바로 인근에 석촌호수와 공원, 대형 쇼핑몰과 연결되어 원스톱으로 다양한 여가 활동을 즐길 수 있다는 입지적 메리트가 작용하고, 오래된 주택가이던 골목 이면도로를 중심으로 특색을 갖춘 카페와 음식점, 주택을 개조한 개성 있는 매장들이 자리 잡기 시작하면서 외부에서 '찾아오는' 골목으로 더욱 빨리 성장할 수 있었었다. 태동기에 붙은 '송리단길'이라는 별칭은 선배 격인 경리단길의 쇠락에도 불구하고 이곳의 고유명사가 되었다. 각각의 개성이 살아 있는 작은 점포들이 모인 한적한 골목의 분위기는 최근 젊은 층이 선호하는 신흥 상권의 특성을 그대로 갖췄다. 이곳의 소박하고 예쁜 가게들은 대부분 SNS나 온라인 방송 콘텐츠를 통한 자발적 바이럴에 적합한 특색을 갖추고 있다. 여기에 롯데월드몰을 중심으로 한 인근 대형 상권과는 차별화된 자신만의 아이템을 선보이고자 하는 의지가 분명한 창업자들이 유입되면서 송리단길은 획일화되지 않은 독자적 경쟁력을 확보했다.

레스토랑

1. 고도식 지리산, 제주도의 고산 지역에서 자란 돼지만 취급하는 구잇집. 알등심이 대표 메뉴다.

2. 서보 태국 대사관 셰프가 운영하는 태국 음식점. 각종 약재에 부드럽게 조리한 태국식 족발덮밥이 시그니처.

3. 진지아 최형진 셰프가 선보이는 중화 가정식 전문점. 마라곱창전골이 유명하다.

4. 얼씨 내추럴 와인 비스트로. 60종 이상의 다양한 내추럴 와인 라인업과 양식을 베이스로 일식의 미각적 터치가 있는 요리를 선보인다.

5. 뜻한바 한식과 일식을 퓨전으로 선보이는 타파스 바. 합리적인 가격의 다양한 메뉴를 맛볼 수 있다

6. 피제리아라고 정통 나폴리식 화덕피자를 전문으로 하는 이탤리언 레스토랑. 모든 도(Dough)는 수제 반죽 후 48시간 이상 저온 숙성 발효해 속이 편안하며 100% 참나무 장작으로 구워낸다.

카페 & 디저트

7. 디저티스트 도쿄제과학교와 교토제과학교 출신의 두 셰프가 운영하는 파티세리. 마다가스카르 바닐라를 사용한 타르트바닐라와 망고패션파르페 등이 인기다.

8. 카페페퍼 쌀로 만든 글루텐프리 디저트를 만드는 곳. 케이크류와 다양한 구움과자 라인업을 갖추고 있다.

9. 웰하우스 쫀득하고 진한 풍미의 버터바, 제철 과일로 만든 케이크 등 좋은 재료로 만든 디저트로 입소문난 곳.

10. 레브두 일본식 프랑스 제과를 지향하는 디저트 전문 카페. 크림으로 가득 채운 반달크루아상이 시그니처로 1인당 구매 수량이 제한되어 있을 정도다.

11. 르빵 갓 구운 맛있는 빵이 가득한 빵집. 문을 열고 들어서면 카운터에서 파티시에가 빵을 만들고 있는 모습을 직접 볼 수 있다.

12. 우프 캉파뉴, 치아바타, 바게트 등 구수한 천연 발효종 빵을 주력으로 선보이는 베이커리. 건강하고 담백한 빵을 맛보기 위해 멀리서 찾아오는 고객들이 많다.

석촌호수
카페거리
호수임광
아파트
CU
송리단길
스타벅스
송파
나루
역
동호수
어린이공원
극동
하이츠빌라
GS25
진흥하임빌
CU
아랑어린이공원
세븐일레븐
아웃백
스테이크하우스
CU
올리브영
석촌역
송리단길

14. 침묵했던 르네상스 상권의 부활…명동 골목

서울 명동 골목 상권은 한때 한국을 대표하는 관광지이자 쇼핑의 메카로 활황을 누렸지만, 팬데믹 기간 동안 급격히 쇠퇴하며 공실이 늘고 유동 인구가 사라졌던 곳이다. 그러나 엔데믹 이후 최근 몇 년 사이 외국인 관광객의 급격한 증가와 함께 다시 빠르게 활기를 되찾고 있으며, 이와 더불어 상권 자체의 구조와 콘텐츠가 재정비되면서 '새로운 명동'으로 거듭나고 있다. 명동 골목의 가장 큰 회복 요인은 단연 외국인 관광객의 유입이다. 뷰티, 패션, K-팝뿐만 아니라 최근 들어 확장되고 있는 로컬 F&B, 디저트, 길거리 음식 등에 높은 관심을 보이는 이들은 상권 전반의 소비력을 끌어올리는 견인차 역할을 하며 명동이라는 상징적 지역에 새로운 기회를 부여했다. 이처럼 외국인 수요가 상권 회복의 주요 동력인 것은 분명하지만, 이를 지나치게 의존하는 현재의 흐름은 중장기적으로 지속 가능성을 담보하기 어렵다는 점에서 개선이 필요하다는 시사점을 남긴다. 명동 외식 상권의 가장 큰 특징은 오랜 세월 서울의 상징적인 상권이었던 만큼 기업으로 성장하고 다점포로 확장한 전통의 노포와 유명 브랜드의 '본점'이 많다는 점이다. 하지만 그밖에는 외식 콘텐츠가 지나치게 외국인 관광객의 기호에 맞춰져 있는 경우가 많아 국내 소비자의 재유입이나 지역민의 일상 소비와는 괴리가 발생하고 있다. 외국인 수요 회복에 기댄 단기적 활황을 넘어, 지역성과 일상성을 품은 콘텐츠 개발, 내국인과의 접점 확대, 지속 가능한 운영 모델 구축이 병행될 때 비로소 진정한 상권 회복이라 할 수 있을 것이다. 이를 위해선 대형 브랜드 매장과 관광 식당 중심의 기존 구조에 변화가 필요하다. 이면 골목을 따라 소형 카페, 글로벌 디저트 팝업 스토어, 트렌디한 미식 공간, 로컬 기반의 창작 주점 등 '작지만 감성 있는' 공간들이 공존하는 복합적인 콘텐츠의 구조로 바뀌어야 한다. 무엇보다 골목 단위의 개성 있는 F&B 공간과 식문화 콘텐츠의 확보가 중요한 시점이다.

레스토랑

1. 하이디라오 명동점 중국 훠궈 1위 브랜드로 국내 첫 매장이다. 현지의 맛을 담은 다양한 훠궈 재료의 조합을 제안하는 특징적인 서비스를 제공해 젊은 세대를 중심으로 인기를 얻고 있다.

2. 콩두명동 23년간 국빈 행사와 만찬을 진행해온 모던 한식 브랜드 '콩두'에서 문을 연 곳. 조식부터 한식 정찬까지 전통을 살린 한식을 세련되게 선보인다.

3. 미성옥 1966년 개업한 설렁탕 전문점. 한우로 우려낸 개운하고 맑은 육수와 직접 담근 깍두기 및 김치의 조화가 훌륭하다.

4. 하동관 명동본점 80년 이상 이어온 서울의 대표 곰탕집. 맑은 한우 국물에 토렴한 밥과 양지, 양 등 다양한 부위의 고기 고명이 어우러지는 게 특징이다.

5. 명동숙희 근정전 콘셉트의 한국형 다이닝 클래식 바. 제철 재료로 만드는 주안상 음식과 오리지널 칵테일을 색다른 분위기에서 즐길 수 있다.

6. 명동교자 1966년 창업한 명동을 대표하는 음식점. 칼국수와 만두, 비빔국수, 콩국수 등을 선보이며 알싸한 마늘김치로도 유명하다. 본점 외에도 명동역 인근에 신관을 추가로 오픈했다.

7. 산동교자 정통 중국 음식을 맛볼 수 있는 곳. 중국 부추로 속을 채운 물만두와 마늘 향 가득한 오향장육이 유명하다.

8. 목멱산방 다양한 비빔밥을 전문으로 선보이는 곳. 국내산 한우 암소 우둔살을 사용한 육회비빔밥과 산방비빔밥을 비롯해 곁들이 메뉴인 치즈김치전과 도토리묵, 야채무침 등이 인기다.

카페 & 디저트

9. 팥고당 명동본점 달지 않은 100% 국산 팥으로 만든 팥빵을 다채롭게 선보이는 곳. 옛날 팥빵과 크림을 곁들인 팥빵, 찐빵 형태의 쫄깃팥빵 등 종류도 다채롭다.

10. 더스팟패뷸러스 60년 세월이 새겨진 근대건축물 안에 자리한 카페. 전문 바리스타와 파티시에가 만드는 고품격 커피와 디저트 그리고 음악을 즐길 수 있다.

11. 남산아래커피로스터즈 명동본점 남산과 명동 사이에 위치한 도심 속 로스터리. 다양한 블렌드 빈, 싱글빈으로 취향에 맞춰 내리는 커피와 직접 굽는 디저트를 즐길 수 있다.

을지로
입구역
하나금융그룹
명동사옥
남대문
세무서
올리브영
CGV
H&M
천주교서울대교구
주교좌명동대성당
엠플라자
르메르디앙
서울명동
명동밀리오레
호텔
명동역
서울남산
초등학교
정화예술대학교
명동캠퍼스
서울예대
남산캠퍼스
명동
명동
주민센터

15. 취향이 모이는 감성 골목의 진화… 망리단길

홍대·합정 등 인근 상권의 확장과 함께 독자적인 정체성을 구축한 망원동은 망원시장, 한강공원, 유수지 생태공원 등 다양한 여가 자원과의 근접성, 그리고 재개발 논의가 오가는 오래된 주거 지역이라는 입지적 특성 덕분에 젊은 창업자들과 외부 유입이 활발하다. 망원역 2번 출구에서 망원시장 방향으로 걷다 보면 어느 순간 시장 인근의 분주함을 지나 고즈넉한 골목길이 펼쳐진다. 연립주택과 높지 않은 건물들 사이사이 호기심을 자극하는 가게들이 눈에 띄기 시작하면 '망리단길'에 접어든 것이다. 감성적인 소형 카페와 식당, 개성 있는 리테일 숍들이 모인 망리단길은 SNS를 통해 자발적으로 확산되며 유행을 넘어 하나의 문화로 자리 잡았다. 프랜차이즈보다는 주택을 개조한 독립 매장이 주를 이루며, 독특한 취향의 빵집들이 다수 생겨나 '빵지순례 성지'로 불릴 만큼 디저트와 베이커리의 경쟁력이 강하다. 최근에는 글로벌 소비 트렌드를 반영해 비건 메뉴나 친환경 콘셉트를 내세운 음식점들도 속속 들어서며 외국인 관광객의 발길도 잦아지고 있다. 지역 상권의 심장이라 할 수 있는 망원시장은 오래된 전통과 함께 MZ세대를 위한 이색 간식과 먹거리, 새로운 형태의 퓨전 포장마차 등으로 끊임없이 진화 중이다. 다양한 세대와 취향이 공존하는 이 골목은 단순한 상권을 넘어 로컬 라이프스타일의 현장으로 자리매김하고 있다.

레스토랑

1. **망원동즉석우동 본점** 태양초와 청양고추 양념을 올린 얼큰하고 시원한 한국식 우동을 맛볼 수 있는 곳. 주문과 동시에 즉석에서 면을 뽑으며 쑥갓과 유부를 듬뿍 올린 비주얼이 친숙하다.

2. **가원** 중식당이지만 채소국물짬뽕이나 두부짜장, 칠리가지 등 비건 메뉴를 제공한다.

3. **멘지** 건강한 한 그릇을 위해 인공 조미료, 간수 등을 사용하지 않는 것이 모토이며, 진하고 담백한 '파이탄(백탕)라멘'이 부동의 인기 메뉴.

4. **헤키** 좋은 육질의 고기를 차가운 바람에 염지 숙성시켜 튀겨낸 일본식 돈가스를 선보이는 곳. 일본 삿포로의 작은 돈가스 가게로부터 영감을 받았다.

5. **희옥** 맑고 깊은 국물에 닭 목살 토핑을 올린 수준급의 시오라멘을 하루 70인분 한정으로 선보이는 곳.

6. **우이락** 고추튀김 맛집으로 알려진 한식 술상 전문점. 망원시장이 본점으로 전국 팔도의 트렌디한 막걸리와 전통주를 다양한 한식 요리와 함께 즐길 수 있다.

7. **강동원** 강렬한 불 맛으로 이름난 중식당. 바삭하게 소스를 코팅한 안심탕수육은 필수 주문 메뉴다.

카페 & 디저트

8. **딥블루레이크** 생두의 특성이 잘 드러나는 라이트 로스팅 커피를 소개하는 곳. 이름처럼 건물 외관 전체가 파란색인 게 인상적이다.

9. **도쿄빙수 망원본점** 대표 메뉴인 토마토빙수와 일본식 디저트인 키리모찌, 프렌치토스트 등을 선보이는 곳.

10. **브릭베이글** 다양한 재료의 두툼한 소를 채운 수제 베이글 전문점. 프루츠, 초코바나나, 흑밤브라우니 등 다양한 재료를 샌드한 베이글을 선보인다.

11. **밀로밀** 소금빵, 에그타르트, 아몬드크루아상 등이 유명한 베이커리. 웨이팅이 많아 품목당 구매 수량 제한이 있을 정도다.

12. **어글리베이커리** 전국구 '빵지 순례'의 성지. 대파, 고구마, 밤, 견과류 등 천연 재료를 듬뿍 넣어 울퉁불퉁 못생겼지만 건강하고 담백한 맛의 빵을 만들어낸다.

13. **후와후와** 완두보로, 콩먹은흑소 소보로, 구황작물 콩밭샌드 등 풍부하고 다양한 소를 채운 소보로와 샌드로 유명한 곳. 웨이팅 난이도가 높기로 유명하다.

14. **투떰즈업** 맘모롤, 쑥쑥모스 등 맘모스빵을 다채롭게 재해석한 맘모스샌드와 쌀베이글에 다양한 크림과 여러 가지 재료를 샌드한 베이글샌드위치가 유명한 빵집.

망리단길
7
CU
9
6
8
망원
시장
GS25
14
CU
12
13
세븐일레븐
망리
단길
망원
e편한세상
11
LG전자
베스트샵
10
5
한마음
어린이공원
파리바게뜨
4
망원역
3
2
대명
이튼캐슬
1